VIVENCIAS

KENIA LARROY

Vivencias
©Kenia Larroy, 2021. Derechos reservados
Diseño de portada: Rocío Ríos
Fotos: Luis S. Prieto, Jr. y Milka Pollock
luminouscreations@gmail.com
Diseño interior: Rocío Ríos

Edición: Bestsellers Media
ISBN: 978-1-7327847-5-8

Los versículos bíblicos han sido tomados de la versión Reina-Valera 1960, a menos que se indique lo contrario.

Texto bíblico: Reina-Valera 1960 ® © Sociedades Bíblicas en América Latina, 1960.
Renovado © Sociedades Bíblicas Unidas, 1988.
Antigua versión de Casiodoro de Reina (1569), revisada por Cipriano de Valera (1602).
Otra revisión: 1862. Revisiones por Sociedades Bíblicas Unidas: 1909, 1960, 1995 y 2011 (Reina Valera Contemporánea).

Impreso en Estados Unidos de América

CONTENIDO

DEDICATORIA 1
AGRADECIMIENTOS 3
PRÓLOGO 7
PREFACIO 11
INTRODUCCIÓN 13
1 - LAS PUERTAS DEL PASADO 17
2 - LOS ELOGIOS 27
3 - VENTILA, INHALA, EXHALA Y CALLA... ¡CALLA! 35
4 - CONTRADICE A TU ALMA 41
5 - AMA 47
6 - NO TE SEGUIRÁ AMANDO POR CÓMO TE VES 51
7 - CRECE, NO PARES DE CRECER 61
8 - CÓMO NOS CONOCIMOS BENJAMÍN Y YO 67
FOTOS 80
DESTINO 83
SOBRE LA AUTORA 85
VERSIÓN EN INGLÉS (ENGLISH VERSION) 89

DEDICATORIA

Este libro está dedicado a:

– Mi Abba, mi amado Padre celestial. Mi papito, mi maestro, mi eterno amor, mi cobertura, mi Dios.

– Mi hija, Avril Geigel Larroy, la hija de mi gozo. Representante de mis hijos y mis generaciones. Mi primogénita.

– Mi primera generación de hijas espirituales: Mariely Bonilla, Adrianette Montijo, Johana Quiñones, Milka Pollock y Gladybel Dávila.

Y a ti, amada lectora. Una generación de mujeres que ha decidido amar lo que Dios les entregó y ser felices.

AGRADECIMIENTOS

Agradezco primeramente a Dios, el autor de mi vida, dueño de mis días y ganador de mi salvación. «*Tú diseñaste todo y fue perfecto. Mis días buenos y malos fueron escritos por ti. Tú escribiste primero y un día lo descubrí. Hoy comparto mi historia para honrarte a ti. Gracias*».

Agradezco a mi esposo, Benjamín Geigel, por su constante inversión y por tenerme paciencia, por su amor, cuidado y provisión. Su consejo y dirección fueron clave para la culminación de este proyecto.

Gracias a mis princesas Avril y Avigáyl por respetar el tiempo de inversión que requieren las encomiendas del cielo y por servir a Dios junto a nosotros con tanto gozo y pasión.

Agradezco a mi madre, mi amiga, y uno de mis más preciados tesoros, Nilsa Rodríguez. «*Has sido mi apoyo diario, me has repetido una y otra vez el amor y el diseño de Dios para mí.*

Tu constante motivación y fe fueron indispensables en la realización de este libro. Gracias por tu valiosa aportación y paciencia».

Gracias a mis suegros, Benjamín y Miriam Geigel. «*Pienso que detrás de todo proyecto exitoso hay unas rodillas dobladas».*

Gracias a Loida Ortiz y su equipo de Bestsellers Media por su excelencia, orientación y dirección en el proceso.

Gracias a nuestros hijos espirituales, pastores Luis Samuel y Milka Prieto, por estar siempre dispuestos y presente. También agradecemos su aportación incondicional para la expansión del reino.

Gracias a Rebbecah Prieto, por mi arreglo personal, el de mi esposo y mis hijas. «*Gracias por tu amor, cuidado y ayuda siempre».*

Gracias al Lic. Joe Rodríguez y su esposa Ivonne Padró por sus valiosos consejos y oración. Por el tiempo invertido en hablar, discutir y corregir.

Gracias a la Pastora Carmen Lilia Jaimes de Montes De Oca –escritora del prólogo en este libro– por ser una mujer primeramente en sintonía con el cielo y por su determinación en impactar generaciones. «*Amiga, tu inversión es valiosa en el reino y ¡me complace tanto tu participación! Gracias.*

Por último, a personas que con sus talentos y capacidades le dieron el toque final a algunos detalles: Jorge Galindez, Lynnette Rodríguez y Natalia Montes De Oca.

A mi familia y a los hijos espirituales, que de forma indirecta nos bendicen y son instrumentos de Dios para facilitar, impulsar y producir los sueños de Dios en la tierra.

¡Gracias!

PRÓLOGO

Emocionante, informativo, formador, inspirador. Estas son solo algunas de las palabras que describen **VIVENCIAS**, un libro maravilloso escrito por mi amiga, la pastora Kenia Larroy, a quien conozco y honro por ser una guerrera y profunda amante de una nueva generación de mujeres libres en Dios. Kenia comprende el poder que habita en una madre que «la tiene clara» y por ello se atrevió a plasmar sus *vivencias* con la certera convicción de que cada mujer joven a quien llegue este mensaje logrará impactar su generación con el poder de la Palabra que atraviesa cada página de este libro.

El testimonio de vida es algo irrefutable, nadie podrá contradecir lo que una persona ha vivido; es por eso por lo que **VIVENCIAS** es tan poderoso, porque cada experiencia vivida por su autora se convierte en un motivo sinigual para pensar: «si ella pudo, yo también». Es por esto por lo que me siento muy privilegiada de haber sido escogida para animarte a leer este libro; prepárate para emprender un hermoso viaje que te llevará por el camino de la intimidad con el Espíritu Santo, porque solo Él te ayudará a crecer y a madurar de tal manera que puedas asumir la identidad, propósito y destino que como mujer Dios diseñó para ti. A medida que te adentres en la lectura, entenderás que tú eres importantísima para edificar tus generaciones e implantar en ellas los principios y valores que construirán sus vidas, de esta manera te volverás trascendental y, aún después de que partas de esta tierra, ellos hablarán de tu huella.

Estoy segura de que muchas mujeres que están comenzando su vida matrimonial, luchan con el pasado, los patrones, la cultura y formas de vida que traen de sus casas paternas, en este libro encontrarás las herramientas para cerrar ciclos incorrectos y poder construir lo nuevo de Dios para tu familia, la que hoy estás edificando. Aquí aprenderás a cerrar ciclos para poder activar los tiempos nuevos de Dios para tu vida, te gozarás aprendiendo del poder del elogio como arma implacable contra la crítica destructiva, comprenderás que, muchas veces, el silencio está lleno de sabiduría, dominio propio y fruto del Espíritu. En estas páginas descubrirás la clave para desarrollar una dinámica de diálogo llena de amor y edificación.

Sé que al recorrer cada palabra, historia y verdad expuesta en estas páginas comprenderás que cada ser humano es una perfecta creación tripartita y que «doña alma» es hermosa cuando está bajo el control de Dios y ¡muy peligrosa y mortal cuando actúa por sí misma! Porque el alma actúa con base en sus experiencias, pero el Espíritu actúa con base en la obediencia.

Al finalizar esta lectura, tu corazón habrá entendido que el amor es más que un sentimiento, porque el amor es Dios mismo, es la capacidad que tenemos de morir a nuestros deseos para satisfacer las necesidades del otro, porque es eso exactamente lo que hizo Jesús.

VIVENCIAS busca ayudarte a entender que en una relación matrimonial pueden pasar los años, las circunstancias más duras o hermosas y, si el amor de Dios es el centro, siempre se encontrarán caminos para la renovación, para el cuidado mutuo y para la entrega sin límites, de manera que puedes ser una mujer sabia que practica el autocuidado, el amor propio y el amor a Dios para que puedas amar a tu cónyuge sin ataduras y aportar significativamente al crecimiento de la relación.

¡Podría decir muchas cosas sobre esta hermosa joya hecha testimonio escrito! Leyendo sus páginas estarás desafiada a seguir construyendo, siendo inspirada y guiada por el modelo de Dios. Solo pretendo incentivarte a leer, reflexionar, tomar decisiones, cambiar y marcar tu generación venidera de tal manera que ellos amen a Dios y lo que Él ha pensado del pacto matrimonial, la paternidad y maternidad y la vida misma.

Carmen Lilia Jaimes de Montes de Oca
Pastora Comunidad Cristiana Filadelfia
Directora Ministerio Infantil Fortalezas

PREFACIO

Amada joven:

Escribo amada porque te amo con un amor sembrado del cielo a mi corazón para ti. Aunque no te conozco, nunca te he visto, he orado por ti durante años. Me dirijo a ti por este medio porque el Señor me ha revelado tu necesidad de crecer y madurar correctamente, sin errores repetidos y pasados; honrando a tu Padre celestial. Soy consciente que no todos hemos disfrutado de una familia que quede como un ejemplo para sus generaciones o, tal vez, sí la hemos tenido. Sin embargo, cuando nos toca edificar nos sentimos con las manos vacías y con una triste sensación de que las cosas andan mal y no sabemos cómo actuar.

Este libro ha sido inspirado por Dios para ti. Cada capítulo te ayudará a madurar, a crecer, a comprender y actuar conforme al corazón y al diseño de Dios para tu vida y matrimonio.

Oro para que cada principio te sea revelado directo al corazón. Oro para que decidas ser sabia. Oro para que decidas perdonar y oro para que seas el inicio de una generación sana, santa y feliz para Dios.

Con amor,

Kenia

INTRODUCCIÓN

Era la temporada cuando estaba por cumplir mis treinta años. Tenía una profunda sensación y a la vez un sentido de esperanza de que al cumplir mis treinta ocurrirían cambios en mi vida. Por mi mente pasaban pensamientos como: «viene a mi vida madurez», «inseguridad; te queda poco tiempo», «lo que se aproxima para mi vida requiere responsabilidad, productividad, determinación». Experimentaba una constante certeza de que las promesas y el propósito que habían sido revelados cobraban vida; otros serían activados en mi espíritu con el fin de provocar la manifestación visible de lo que había portado por años. Fue una temporada que duró meses. Me sentía entusiasmada con la llegada de mis treinta años y todo por lo que estaba pasando en mi espíritu.

¿Has sentido alguna vez que dentro de ti hay algo grande y fuerte que es mayor de lo que ya has logrado alcanzar o hacer? Es como una convicción de lo que serás pero que aún no se manifiesta.

¿Lo has sentido? ¿Sabes cómo se llama eso? **Propósito**

Todos nacimos con un propósito y a lo largo de nuestra vida buscamos descubrir y manifestar ese propósito, el cual hasta que no se cumpla, a veces, nos causa frustración; a veces desafío; a veces, incertidumbre. Podría mencionar diversas cosas que experimentamos hasta que finalmente nos realizamos en el sueño de Dios para cada uno y experimentamos complacencia, descanso y satisfacción. Estaba convencida de que en mi interior se gestaba algo poderoso lo cual anhelaba con todas mis fuerzas.

¿Sabías que las cosas que provienen de Dios suelen permanecer ocultas por períodos de tiempo de manera que no los podamos interrumpir? Pues eso era precisamente lo que sucedía. Estaba por manifestarse uno de esos propósitos de vida que Dios tenía para mí.

> Ejemplos:
> 1. Durmió a Adán para formar algo a su imagen.
> 2. Creó el desarrollo de la vida en lo oculto de un vientre.
> 3. Nos ordenó que nos ocultáramos en Él para una manifestación pública.
>
> ...*de modo que lo que se ve fue hecho de lo que no se veía.*
> *(Hebreos 11:3)*

Uno de esos días, curiosamente, mi esposo pasó por mi lado y me dijo: Estás tan bella y estoy loco que cumplas tus treinta años porque te vas a poner «*¡ummm!*». Aunque esto suena muy íntimo, para mí fue una confirmación de que así sería. Al cabo de unas horas compartíamos en nuestra recámara y el Espíritu Santo comenzó a inspirarme al respecto.

Comencé a pensar: «pronto cumpliré mis treinta años, ¿qué tan extraordinario puede ser esto?»

Mientras me bañaba vino a mi mente una pregunta: ¿qué puedo hacer para mi cumpleaños número treinta que sea algo especial? ¡Un libro! Un libro, vino a mi mente. Sentí un gran entusiasmo con la idea de escribir un libro. *«Un libro para la ocasión»*, pensaba, mientras sonreía y palpitaba mi pecho. *«Escribiré un libro que sea un obsequio para la mujer»*.

Pensé en esa mujer joven de mi generación y descendencia. Esa mujer joven que anhela sabiduría para edificar un hogar y una familia. ¡*Wao*! ¡Cuántas cosas comenzaron a llegar a mi mente! Recordé que tiempo atrás Dios me había dicho: *«Enséñalas a amar»*.

Lo que en aquel momento me resultaba en: ¿Cómo puede uno enseñar a amar? Ahora era un hecho. Me sentía lista para enseñarles a amar y ¡a toda una generación!

> *"Las más ancianas […] sean maestras de el bien; que enseñen a las más jóvenes a amar a sus maridos y a sus hijos, a ser prudentes, castas, cuidadosas de su casa, buenas, sujetas a sus maridos, para que la Palabra de Dios no sea blasfemada»* (Tito 2:3-6).

Prepárate para dejar atrás tu manera de pensar y recibir libertad para amar incondicionalmente a Dios y a tu esposo.

Capítulo 1
LAS PUERTAS DEL PASADO

Recuerdo a mi papá –cuando era una niña– decirme con frecuencia dos frases. Ambas fueron de bendición: «Te amo» y «Kenia, la felicidad no existe». Digo que ambas fueron de bendición porque aprendí a decir «te amo», sin reservas y sin condición. También comprendí que soy el comienzo de una nueva generación y, por tal razón, decido cuáles cosas pasan, a través de mí, de una generación a otra.

Curiosamente, por la gracia de Dios y desde niña, muy niña, tenía una relación muy personal con Abba (Dios). A pesar de que mis padres, ambos habían conocido al Señor y habían servido activamente en la iglesia, según me contaron, para el tiempo de mi niñez ya estaban apartados del Señor. Me levanté en un ambiente disfuncional. No tenía un modelo ni un ejemplo. Sin embargo, recuerdo que de niña solía encerrarme en mi cuarto a hablar con Dios, a quien conocí como Padre desde ese entonces.

Hablaba en lenguas, reprendía demonios, adoraba y todo lo hacía inspirada por el Espíritu Santo, quien me reveló a Jesús y su infinito amor por mí. Fue lo primero que aprendí de Dios y me lo enseñó Él mismo. Esas experiencias fueron mi base y mi escudo en los días que habrían de venir.

Esa fue la razón del porqué las palabras de mi padre «Kenia, la felicidad no existe» no cumplieron su objetivo. Ya la felicidad estaba dentro de mí y era imposible creerlo. Entendí que él no había sido feliz y ese patrón de infelicidad trataba de traspasarse a mí, como generación.

La mujer es el único género que ha sido elegido para dar inicio a una nueva generación, desde el punto de vista del parto y el rol, según la Palabra. Toda mujer representa una nueva generación. Lo que yo recibiera en mi vida estaría también en la vida de mis hijos, los hijos que Dios me diera. Nunca recibí esa declaración, sin embargo, llegó el momento en mi vida que anular esa declaración conllevaría mucho más que tan solo no creerla.

Conocí a mi esposo en el año 2001 y estaba convencida que era el hombre de Dios para mí. Sabía que era el complemento idóneo con el cual estaría completa y lista para iniciar una nueva generación y dejar atrás todo aquel pasado disfuncional.

Tuve que decidir por uno de los dos: mi pasado o mi futuro, pero soltar mi pasado implicó fuertes procesos de rompimiento emocional y almático, grandes y serias renuncias, intensas noches de liberación y quebrantamiento de maldiciones generacionales. Un proceso no de un día, pero real. De este proceso podría escribir otro libro. Por el momento quiero que sepas que, independientemente, de que tu pasado sea bueno o malo tendrás que renunciar a él para comenzar una nueva vida.

Es lo que sucede cuando entramos en el matrimonio, una nueva vida. Y es una nueva vida porque ya no se trata de ti, tampoco de él, ahora es el resultado del complemento de ambos.

> «*Por tanto, **dejará** el hombre a su padre y a su madre, y se unirá a su mujer, y serán una sola carne*» (Génesis 2:24).

Dejar. Fíjate que este texto bíblico hace referencia al hombre «*dejará el hombre*». En los tiempos bíblicos cuando la mujer se casaba pasaba a formar parte de la familia del esposo. Cuando la palabra enfatiza al hombre no significa que no implica a la mujer, sino que este nuevo comienzo se inicia con una conciencia de cortar el cordón umbilical que nos mantiene en la posición de pertenecer, para asumir la responsabilidad de iniciar. Es decir, que la mentalidad cambia.

No es que cambia la relación familiar o que haya un alejamiento del hogar de los padres, solo que ahora debes ser consciente de que dejarás la posición de princesa para asumir la de reina.

¿Qué cosas –por ejemplo– son las que cambian?

– La comodidad de hija	vs.	La responsabilidad de esposa
– La dependencia como hija	vs.	El deber de esposa
– Los patrones familiares	vs.	Las nuevas formas
– La pertenencia a lo establecido	vs.	La edificación de un nuevo hogar

Un ejemplo cotidiano y simple

En tu hogar se acostumbraba a añadir cocoa a la leche para el cereal, pero en el hogar de tu cónyuge el cereal se comía con guineo (banana), y siempre fue así en sus respectivos hogares porque sus padres así los acostumbraron. Ahora no tiene que ser así, tú no tienes que comerte la banana ni él la cocoa. Ahora te casaste y la banana y la cocoa quedarán atrás. Tú y tu esposo decidirán si quieren desayunar o no, si será cereal o huevo; y si quieren ir a *Denny's*, perfecto. Los nuevos patrones son establecidos por ustedes y son el resultado de su unión. De lo contrario, bienvenida a «Los conflictos del matrimonio 101». Él quiere cereal con banana y tú quieres la leche con la cocoa.

Esto puede ser un ejemplo muy simple y fácil de resolver, pero cuando las diferencias en cuanto a los patrones y formas con las que crecimos, fuimos edificados e influenciados se encuentran en un hogar, puede tornarse un poco complicado. Esto es lo que suele suceder durante los primeros años del matrimonio.

Se experimenta un forcejeo silencioso por implementar lo que yo creo que es correcto o como yo creo que debe ser. Ahora bien, lo que yo creo que es correcto fue establecido por terceros (LOS PADRES DE CADA UNO). Esas terceras personas condicionaron, influenciaron, diseñaron y establecieron según su propia perspectiva del matrimonio y de la vida haciendo uso, probablemente, de sus propias experiencias.

Entiende que debes entrar al matrimonio con la consciencia de que ahora la perspectiva de las cosas no debe ser «mi perspectiva», sino cuál es la perspectiva de Dios.

Piensa en esto:
- ¿Quién constituyó el matrimonio?
- ¿Para qué lo constituyó?
- ¿Dónde se encuentran los fundamentos para el mismo?

Esta nueva perspectiva traerá un fundamento correcto y único para ti y los tuyos, refiriéndome a tus hijos, tomando en cuenta que Dios demandará a cada cual según lo que le entregó. Dios tiene herramientas exclusivas para ti e instrucciones especiales para los tuyos.

Si tu pasado ha sido bueno o malo toma la decisión de renunciar a él y asume la responsabilidad de edificar conforme a influencias y patrones correctos.

Es mucho más fácil despojarse de los patrones incorrectos que de los correctos. Me explico. Cuando vienes de un hogar de padres divorciados o familias quebradas por el adulterio, el amor al dinero, las drogas, el alcohol, los vicios, entre muchas otras cosas, es mucho más fácil decir *«bueno este molde definitivamente lo desecharé pues con él no construiré mucho»*. Ahora, cuando vienes de un hogar de padres que han permanecido casados, que van a la iglesia o inclusive que de alguna forma están involucrados en el ministerio, podrías pensar: No, ¿por qué tendría yo que despojarme de estos moldes?

Bueno o malo tu pasado, cásate siendo consciente de que el pasado queda atrás. Las puertas de lo pasado se cierran y comienza una nueva temporada en tu vida; ¡la del matrimonio, la de construir tu propio hogar!

¿Por qué ir de inmediato al pasado a ver cómo lo hizo mami, mi tía o mi abuela? ¿Por qué permitir que se repitan historias? Dios tiene una agenda maravillosa y exclusiva para ti. Corre a Jesús aun cuando sientas la confianza de llegar al matrimonio con buenos modelos en tu vida. ¡Descubre!

Disfruta la bendición, la satisfacción y el gozo que trae edificar un hogar al que no perteneces, sino al que tienes el deber de edificar. Tomando en cuenta que no renuncias a tus maneras para asumir las de él, sino para que se establezcan las correctas.

Recuerdo a una joven pareja recién casada enfrentando los desafíos de los primeros años del matrimonio. Él venía de un hogar totalmente quebrado por la droga. Criado por una figura maternal que hizo frente a todo para levantar a sus hijos para que no pasaran las mismas dificultades que ellos pasaron en sus años de infancia. Ella proveniente de un hogar de padres cristianos, profesionales y una familia muy unida.

Al casarse comienza la lucha silenciosa de la imposición.

Chocaban porque ella funcionaba con este *chip*: Primero ora, segundo consulta, y luego espera en Dios. Él funcionaba con el siguiente *chip*: Ve por ello. ¡Hazlo ya!

Cuando estos dos *chips* trataban de solucionar algo juntos, era imposible. El lenguaje indirecto era: «*Tú debes ser un poco más como mi mamá y tú debes aprender un poco más de mi papi*».

¿Por qué debía dejar él de pensar como su mamá si ella siempre traía un resultado a casa? Pero, ¿por qué debía ella dejar de pensar como su papá, si él siempre traía un resultado a casa? ¿Debía ella dejar de ser como su familia le enseñó a ser para asumir la forma de su suegra? O, ¿debía él dejar la forma de su madre y aprender a ser un poco más como su suegro? Ninguna de estas opciones, la suegra y el suegro quedaron atrás. Ahora el ¡*Go, get it*! quedó en casa de la suegra; y el «vamos a esperar», en la casa del suegro. Ellos debían encontrarse juntos en la formación de un hogar y buscar el manual propio para ellos, renunciando cada uno al esfuerzo por implementar lo que cada cual piensa que es correcto.

Así puede estar sucediéndote en muchas áreas. Cómo debemos orar, cómo debemos comunicarnos, cómo debemos compartir, cómo debemos hacer tantas cosas.

Oro, que el Espíritu Santo ministre más profundo que estas palabras. Oro, para que ilumine tu corazón y te sean reveladas todas aquellas cosas que debes abandonar para disfrutar esta nueva jornada que has decidido iniciar. Oro, para que puedas reconocer si de alguna forma consciente o inconscientemente estás forzando implementar aquellos principios que pensabas que eran lo correcto.

Al finalizar esta parte detén la lectura y reflexiona. Haz una lista de todas las cosas que el Espíritu Santo te muestre y comienza a trabajar en ello. Te será mucho más efectivo que afanarte por disipar los conflictos de las diferencias.

Cerrar las puertas del pasado y procurar hacer las cosas debidamente es una de las garantías de que tendrás la bendición de Dios sobre tu vida y matrimonio. Este es un paso que se toma con madurez. Cierra puertas del pasado y disfruta la bendición de Dios para tu matrimonio hoy.

Dejar…

Capítulo 2

LOS ELOGIOS

¡Oh Dios, estoy tan convencida de que las palabras tienen poder! Hoy tengo experiencias y oportunidades a diario que mencioné en oración muchos años atrás. Mi esposo es tal como lo pedí a Dios, nuestro ministerio es tal como lo confesé, nuestro matrimonio es tal como lo creí, así es todo en mi vida. Todas las cosas comienzan con una palabra. Dios pensó, habló y todo existió (Hebreos 11:3).

Me encontraba en uno de esos acalorados momentos que se experimentan al principio de la relación matrimonial, donde la «Luna de miel» no sabe a miel y el color de rosa se difumina. Ese primer año cuando de repente dices: «¡¿en serio, este es el comienzo de mi matrimonio?!» y de momento, viene a tu mente «no llegaremos lejos».

Había tantas cosas que arreglar en nuestra relación al principio, caracteres, maneras de pensar, actitudes, patrones, costumbres, hábitos, entre otras. ¡Tantas cosas! No sabía cómo hacerlo, ni siquiera sabía por dónde empezar. No había tenido un modelo, tampoco una consejería prematrimonial efectiva y los consejos de mi abuela eran: «*espéralo en un negligee cuando llegue del trabajo*».

Yo tenía una ventaja, desde jovencita oraba a Dios para que hiciera de mí una mujer sabia. Desde muy jovencita escuché el texto «la mujer sabia edifica su casa» (Proverbios 14:1). Este texto lo memoricé y lo oré por muchos años antes de casarme. Tenía claro que el hogar se edifica con sabiduría y que la sabiduría viene de Dios.

«*El que está falto de sabiduría, que la pida*» (Santiago 1:5).

No atribuía todas las cosas a las faltas de mi cónyuge, tampoco me atribuía las culpas. Pedía sabiduría. Tenía la certeza y la confianza en que esas declaraciones junto a mi genuino deseo de edificar un hogar harían su efecto en el momento preciso y de forma natural. Es decir, no de forma forzada, ni ficticia, ni con afanes, ni fatiga; más bien con confianza, mucha resistencia y sabiduría.

Hoy, después de más de 16 años de casada, puedo decirte que los elogios fueron una herramienta poderosa que Dios me entregó para sanar y declarar.

Recuerdo que elogiaba a mi esposo no solo por sus virtudes, sino también por aquellas cosas que sabía de todo corazón que debía cambiar. Lograba elogiarlo sin ironías, ni sarcasmos, con un corazón genuino y con la certeza de que Dios se encargaría, brindándome su incondicional y constante apoyo.

«Mi amigo, te aconsejo que pongas en manos de Dios todo lo que te preocupa; ¡él te dará su apoyo! ¡Dios nunca deja fracasar a los que lo obedecen! ¡Por eso siempre confío en él!» (Salmos 55: 23-TLA).

Cuando conocí a mi esposo él era evangelista y venía de una formación eclesiástica muy rígida. Sus predicaciones solían ser muy fuertes, aunque siempre respaldado por la unción sobrenatural con la que Dios lo usa. Cuando salíamos de algún lugar donde él estuvo ministrando, por lo regular, él quedaba sin voz. Yo le decía: «*Wao*, mi amor estoy asombrada, cuánta sabiduría en tus palabras, qué bien lo has hecho, te admiro, amo escucharte predicar». Tal vez, en ocasiones me veía tentada a hacer lo contrario. Me seducía la idea de darle algunos consejitos constructivos, pero no era el momento.

Mis palabras estaban ocasionando algo interesante:

1. Estaba sanando su corazón. Él venía de una formación donde todo está mal, donde si te equivocas te expones a la crítica, al castigo y a la desaprobación. En ese momento mis palabras fueron como un ungüento sanador que le brindó seguridad y libertad a la identidad de Dios en él. Yo estaba ahí para eso («*...no es bueno que el hombre esté solo*» Génesis 2:18). Mis elogios provocaron que su alma se sintiera sanada. Su espíritu reaccionó de la siguiente forma: «*Es cierto, esto es lo que Dios quiere que haga. Estoy completo y tengo lo que necesitaba para hacer lo que Dios me llamó a hacer. No me detendré*».

2. Estaba declarando lo que aún no era, como si ya fuera. Quité mi mirada de lo que veía en ese momento y estaba enfocada en mirar a través de los ojos de Dios. Era como cerrar lo ojos, observar lo que sería y hablar y declarar conforme a eso.

Te pregunto, ¿qué estas mirando? Declara las cosas que no son como si fueran (Romanos 4:17).

Hoy puedo decir que es sorprendente y es así en ¡TODO!

Siempre tuve la certeza de que, como esas, otras cosas también cambiarían. No me turbé, creí, resistí y esperé. Miro a mi esposo y es ese cambia mundos que siempre fue. Continúo llenando su vida de elogios diaria y constantemente. Los elogios sanan, afirman, aumentan, fortalecen y elevan. Los insultos o las críticas matan, disminuyen, limitan, hieren.

En el proceso de escribir sobre esto, procuré leer, orientarme y buscar información acerca de la crítica. Por un momento sentí temor de escribir algo incorrecto. Pero cuando el Espíritu Santo me trajo luz al respecto, descubrí algo maravilloso, y te lo comparto.

Me di cuenta de que la mayoría de las lecturas que realicé en relación con la crítica eran basadas en teorías y argumentos psicológicos. Me di cuenta de que la Biblia no usa la palabra crítica, y que esta palabra es de origen griego que significa «juicio, argumento, opinión o examen».

«No juzguen a nadie, para que nadie los juzgue a ustedes. Porque tal como juzguen se les juzgará, y con la medida que midan a otros, se les medirá a ustedes» (Mateo 7:1-2-NVI).

Si criticas estás juzgando. La palabra establece que solo Dios es juez y que no debemos juzgarnos unos a otros. La Palabra sí nos habla de corrección. Debemos corregirnos unos a otros con amor. También dice que el sabio ama la corrección, más el necio la aborrece.

Corregir significa rectificar, o revertir de un error. Por lo tanto, hay una diferencia entre criticar y corregir. El que critica sea de forma constructiva o destructiva establece juicio o argumento con relación a otros, a lo que siente, piensa, percibe u opina. El que corrige revela verdad de la Palabra con el fin de ayudar a otra persona a corregirse. Si corriges a una persona, como aconseja la Palabra, en secreto y con amor, y no lo recibe, es por su necedad y no por tu falta de sabiduría. Si la criticas en lugar de corregirla, terminarás destruyéndola aun con la mejor intención de ayudar.

Mi consejo es que aprendas el significado de esta palabra. Que por más buena intención que tengas al criticar a otro, abandones la crítica incrementando los elogios y acudiendo a la corrección.

Cambia las palabras ofensivas por palabras de elogios, aunque pienses que no lo puedes hacer. Mira a tu cónyuge, a tu matrimonio, a tus hijos y a todas las cosas, inclusive a ti misma, a través de los ojos de Cristo y declara lo que ves sin temor, confiando que el que comenzó la buena obra en todo y en todos la perfeccionará.

Declara lo correcto... resiste... confía.

Capítulo 3

VENTILA, INHALA, EXHALA Y CALLA... ¡CALLA!

Ventilar: Hacer que circule

Hacer que penetre el aire en un lugar

Exponer una cosa a la acción del viento para que se le vaya el olor o la humedad.

¡Qué difícil es para la mujer callar cuando debe hacerlo! Creo que esto es algo espiritual. En la historia estuvo tanto tiempo callada por la cultura y por la sociedad que ahora no es amiga del silencio. Mientras hay otras que deben hablar y no saben cómo o cuándo hacerlo. Las palabras de una mujer son tan influyentes que pueden cambiar momentos, circunstancias, tormentas, destinos, atmósferas, situaciones. Las palabras de la mujer marcan.

- Abigail- 1 Samuel 25
- Ana- 1 Samuel 1
- Rahab- Josué 2
- Noemí- Rut 1

- Ester- Ester 1
- María- Juan 2

Todas estas mujeres, y muchas otras que encontramos en la Biblia, nos muestran cómo lo que una mujer habla puede cambiar historias y transformar cualquier asunto.

En una ocasión, luego de meditar en nuestros caminos, le dije a mi esposo: *¿Sabes qué? Tú estás listo para pastorear.* Él me preguntó, ¿por qué dices eso? *Porque tú me has pastoreado a mí y nuestra casa es pastoreada por ti,* le contesté.

Eso fue todo lo que dije, y todo cambió. Se rompieron los patrones. Antes de pastorear una congregación, pastoreamos vidas, matrimonios y familias. Eso fue extraordinario, eso trajo una visión distinta acerca del pastorado que vinculábamos con aprendizaje, con título, con iglesia, congregación y credenciales. Ahora pastoreamos vidas y corazones. El ministerio no traía fatiga sino pasión y luego vino todo lo demás. Sólo por una palabra. No fue profecía, tampoco el Espíritu me dijo que lo dijera; salió de mi boca y de mis pensamientos.

Si todo lo atribuimos al Espíritu Santo y a lo profético, no prestaríamos tanta atención a lo que diariamente hablamos. Aun si no oro, mis palabras tienen poder.

Cuando comprendas el poder que hay en tu boca, te prohibirás hablar todo lo que pasa por tu mente. Prohíbete hablar sin pensar. Piensa que tus palabras son órdenes y afirmaciones.

«Porque Él habló, y todo fue creado; dio una orden, y todo quedó firme» (Salmos 33:9-NVI).

¡Así es nuestra boca!

Las mujeres hemos sido creadas para edificar. Cada palabra que desates sobre la vida de tu esposo o de tus hijos afectará para bien o para mal la edificación de su identidad, en lo que día a día trabajas. Con tus palabras edificas o destruyes.

Una de las razones por las que mi esposo me llama sabia es porque Dios me ha enseñado a callar. Digo tantas cosas en mi mente, pero jamás le daría el gusto a Satanás de declararlas. Cada vez que callo, cuando debo no cuando quiero, es una puerta que le cierro a Satanás. Cuando hablo digo no lo que quiero sino lo que debo.

El libro de Proverbios dice que el que calla aparenta sabiduría (Proverbios 17:28). Cuando callas en esos momentos que desearías explotar como un volcán y desparramar tus pensamientos y todo lo que sientes mediante tus palabras llevándote todo de frente, acumulas honra sobre ti misma.

«La mujer que teme a Jehová, esa será alabada» (Proverbios 31:30).

Frenar tu boca es una disciplina que trae bendición y honra. He escuchado tantas veces esa frase que dice: «si soy muda, exploto». Es casi un principio de vida para muchos. La mujer prefiere implementar sabiduría que callar. Cuando algo se nos mete en la mente y en el corazón preferimos buscar el momento correcto y tratamos de hacerlo con mucha sabiduría, pero callar casi siempre queda fuera de las opciones.

Es impresionante y casi imposible de asimilar lo que dice la palabra a la mujer: ¡CALLA! Hay poder en el silencio. Hay conveniencia y honra en el callar. Si echamos un vistazo al Nuevo Testamento, o sea, la herencia de los hijos del Nuevo Pacto, veremos que una y otra vez se pone a la mujer en esta posición: *Sujétate, calla y actúa*

La sujeción, el silencio y la acción son las herramientas más poderosas y de mayor influencia que tiene la verdadera mujer del reino.

Capítulo 4

CONTRADICE A TU ALMA

El alma, ¿quién es el alma? Yo la llamo doña Alma. Así como nosotros tenemos alma, cuerpo y espíritu, la tricotomía del alma se compone de tres aspectos: voluntad, memoria y emociones. Su apodo es «YO», **yo** quiero, **yo** pienso, **yo** siento. Ella es voluntariosa y por lo regular le gusta dominar e imponer. No le gusta sujetarse, someterse ni consultar. Cree que manda y su conducta es como si viviera sola. Ella se impone y procede como si el cuerpo y el espíritu no tuvieran que ver con ella. Quiere ser la primera en opinar y se cree que sus opiniones son órdenes. Si no la conoces, no la dominas. Si no la habías conocido, lo más probable esté hablando, decidiendo y haciendo todo por ti.

El alma es como una compañía interna, debes tener madurez, carácter y dominio para someterla y edificarla. Tratarla como a una

> **TU ALMA**
> Coloca aquí una foto imaginaria de doña Alma.
> ¿Cómo la ves ahora?

VIVENCIAS / 41

persona y conocerla te ayudará a vencerla, a superar sus impulsos y a canalizar sus motivos.

(Salmos 42:5, Salmos 103:1, Mateo 26:38)

«Y diré a mi alma: Alma, muchos bienes tienes guardados para muchos años; repósate, come, bebe, regocíjate» (Lucas 12.19).

Nuestra alma actúa con base en sus experiencias y el espíritu con base en la obediencia. El alma actúa como quiere, el espíritu como debe.

Actuar con el espíritu es de sabios. El espíritu siempre está dispuesto a obedecer, el alma no. Ella tiene argumentos que provienen de su caja de recuerdos y experiencias vividas en el pasado.

«Porque todos los que son guiados por el Espíritu de Dios, estos son hijos de Dios» (Romanos 8: 14).

Constantemente, diariamente, a menudo, varias veces al día tendrás que decidir si actuar con el alma o con el espíritu. La decisión que tomes determinará si eres sabia o no.

En una ocasión me llamó una joven que estaba desesperada. Su esposo llevaba dos semanas fuera del país y durante ese tiempo ella descubrió conversaciones que él almacenaba en su correo electrónico. Aparentemente, sostenía una relación fuera del matrimonio. Él no le había indicado cuándo regresaba, por lo tanto, ella pensaba que esta otra persona lo recibiría en el aeropuerto. Ella monitoreó el vuelo y ahora debía decidir qué hacer. Me dijo: «Pastora, lo quiero matar, le sacaré toda la ropa de la casa». ¿Le suena familiar?

Lo recuerdo como ahora. En momentos como esos viene sobre mí una unción apaciguadora que se transmite mediante el tono de voz hasta calmar el alma.

«La blanda respuesta aplaca la ira» (Proverbios 15:1).

Le dije muy calmadamente: «Hija, tienes dos alternativas y elegirás la que desees».

1. Puedes darles rienda suelta a tus emociones y tirarte a llorar en la cama, sacar su ropa de la casa, llegar al aeropuerto y caerle encima. Cuestionarle todo, enviarlo al infierno y destrozarle la cara a la acompañante.

2. Puedes tomar control de tus emociones y decidir actuar con sabiduría:

- Lleva tus hijos a un lugar seguro
- Ordena tu casa (limpia, ordena, perfuma)
- Prepárate en oración (desahógate, confiesa tu dolor a Dios, expresa y libera)
- Arréglate
- Busca a tu esposo en el aeropuerto

- Lleva a tu esposo al hogar, y dialoguen

    Significado de dialogar:

    - Hablar con una persona sobre algo alternando los turnos de palabra.

    - Discutir sobre un asunto con la intención de llegar a un acuerdo o de encontrar una solución.

- Déjale saber que es el momento de tomar decisiones.

Antes de decidir piensa en los resultados de cada una, de cada decisión. Su respuesta fue: «Pastora, quiero ser sabia».

Una semana después su esposo decía: «desde que regresé, mi esposa es otra». Las amistades se preguntaban: ¿qué pasó ahí? ¿Qué hubiese pasado si doña Alma hubiera actuado por ella?

Actuar con sabiduría es una decisión, no una cualidad.

Capítulo 5

AMA

La Palabra define el amor como el vínculo perfecto (Colosenses 3: 14).

Vínculo: unión no material que se establece entre dos personas. Lo que une.

Bueno, en esta parte quiero llevarte a ver el amor como una acción y no como una emoción. Amar es un verbo. Los sentimientos nunca serán suficientes para que una persona sepa que le amas. Una persona no puede percibir o disfrutar tu amor si el mismo está limitado a tu interior, es decir, que es solo un sentimiento. Los sentimientos solo los puedes percibir tú misma. El amor no son cosquillas, estas son sumamente pasajeras. El amor es un vínculo. Mi esposo y yo tenemos una relación de amor no porque sintamos mariposas en el estómago, sino porque es el vínculo que nos une.

Esta parte es tan importante porque el sentimiento nunca será suficiente para retener a una persona a tu lado toda la vida.

«Las muchas aguas no podrán apagar el amor, ni lo ahogarán los ríos» (Cantares 8:7).

Serán las obras, las experiencias las que nos mantendrán unidos por siempre. Cada momento es una oportunidad perfecta para darle estabilidad, seguridad y firmeza a tu matrimonio con obras. Es decir, la forma en que actúes y reacciones en cada situación es un eslabón firme o débil para tu relación.

Cuando digo ¡Ámalo!, ¿qué viene a tu mente? ¿Sentir algo más profundo por él? ¿Pasar por alto los conflictos y permanecer ahí? ¿Qué viene a tu mente?

Cuando la Palabra habla de amor siempre le acompaña una acción, tolerancia, paciencia, amabilidad, humildad, bondad, afecto, cortesía, paciencia.

El amor que mi esposo y yo sentimos el uno por el otro se ha construido con los años, a través de las obras de cada uno para con el otro. La fortaleza de la relación, así como las debilidades se encuentran en las acciones que han realizado cada uno para con el otro.

Una vez más lo reitero, amo a mi esposo no porque sienta mariposas en el estómago. Este amor se ha hecho fuerte con el tiempo, las veces en que mis necesidades han superado sus deseos.

- Su paciencia
- Su tolerancia
- Su esfuerzo
- Sus cuidados
- Su apoyo
- Su confianza
- Sus detalles

Son este conjunto de hechos los que fortalecen la relación. Eso se llama amor y así se manifiesta. El mismo Cristo mostró su amor con obras.

«Porque de tal manera amo Dios al mundo que entregó a su Hijo unigénito» (Juan 3:16)

El verdadero amor está dispuesto a morir, sacrificar, entregar, ceder, y mucho más.

«Te amo», no es suficiente; es necesario AMAR.

Capítulo 6

NO TE SEGUIRÁ AMANDO POR CÓMO TE VES

Una vez entras al matrimonio, el esposo espera que esa joven hermosa con la que se casó se convierta en mujer y esposa.

Mujer, que es igual a madurez.

Esposa, que es igual a rol.

Es una transición natural y una demanda de la que no hablamos, pero todas hemos vivido y atravesado. Esa parte de cómo me veo pasa a un segundo plano, aunque no deja de ser de suma importancia.

Todas sabemos que a medida que pasan los años nuestros cuerpos y todo nuestro aspecto físico cambiará; y mentalmente, créalo o no, estamos listas para el cambio (no para el descuido, sí para el cambio).

Ahora bien, en esta etapa de inicio en el matrimonio ocurre algo interesante de lo que tal vez no hablamos en el noviazgo, pero sucede de una forma inconsciente y natural. Son expectativas que se tienen de forma asumida.

Un ejemplo bien básico sería. Durante el noviazgo uno no suele decir: *estoy tan feliz porque tan pronto nos casemos me harás el desayuno todos los días y lavarás mi ropa*. Sin embargo, asumimos que el próximo día al levantarnos alguien hará el desayuno y que al ir al armario habrá algo de ropa limpia para vestir. Expectativas que se asumen. Es por esto por lo que puede ser que un día fuiste al salón de belleza, llevas puesto un vestido nuevo que te queda espectacular, usas crema con brillo en las piernas, pero; salieron tarde de la casa, él planchó su ropa –lo que había limpio para ponerse–, y para completar no llevas contigo lo que necesitabas tener en mano para la ocasión.

Ese día no recibes ningún elogio por verte bonita. Porque ahora el aspecto de verte bonita es el complemento perfecto de una esposa que está en control y es diligente con las cosas del hogar. No que controla todo en el hogar, sino que está en control y es diligente con las cosas del hogar.

A pesar de que vivimos tiempos donde los roles son compartidos: ambos trabajan, ambos pagan cuentas, ambos hacen el hogar. Hay cosas que hablan de cada cual. Por ejemplo, que tengas un hogar donde vivir habla de un hombre responsable. Que tu hogar luzca limpio y ordenado habla de que hay una mujer en casa.

Sé que lo que voy a mencionar lo has escuchado en sinnúmero de ocasiones, al menos yo lo escuché con frecuencia durante mi desarrollo, y es la expresión que dice: *«la mujer es por el oír y el hombre por la vista»*.

Considerando el comportamiento del hombre y la mujer en el aspecto natural, vemos que:

La mujer es por el oír:

>Eva – (Génesis 3:1) «Un día la serpiente le dijo a la mujer…».

>La Sunamita – (Cantares 2:8) «Oigo la voz de mi amado…».

El hombre es por la vista:

>David – (2 Samuel 11:2) «De pronto vio una mujer muy hermosa…»

>Asuero – (Ester 2:17) «… le gusto Ester más que las otras jóvenes…»

>El amado – (Cantares 2:14) «… no te escondas entre las rocas, muéstrame tu rostro…»

Como mencioné anteriormente, escuchaba este dicho constantemente: «El hombre es por la vista, la mujer por el oír». Este principio acompañaba los consejos que uno solía escuchar y por mi parte lo escuché también en conferencias matrimoniales. Me preguntaba, ¿será esto un principio bíblico? Aunque la Palabra no lo habla de una forma literal lo podemos descubrir al estudiar el comportamiento del hombre y la mujer tanto en la Biblia como en la vida.

Algunos ejemplos bíblicos de esto pueden ser:

> Eva, quien fue seducida por la serpiente al escuchar.
>
> La sunamita, quien decía «yo escucho la voz de mi amado; mi amado me habló y me dijo...».

En el caso de los hombres:

> David cayó por lo que vio
>
> Asuero escogió a la reina por vista.
>
> - Ellas se preparaban para ir donde él y toda esa preparación era entorno al aspecto físico y visible.
> - El rey ni siquiera sabía que Ester era judía.

El amado, la primera atracción que el hombre muestra es la vista. Sabemos muy bien que él reacciona por vista.

Y sabemos que este principio es aplicable más allá de la hermosura física. Te explico porque esto afectará aun tu comunicación con él. Entiende que él responde por vista. Notarás que el hombre tiene una tendencia en terminar y concluir de inmediato temas que tú deseas hablar explícita y detalladamente. Pero el hombre ha estado observando y ha llegado a sus conclusiones. Por lo tanto, cuando hablamos podemos encontrarnos con frases como:

> *Ya sé lo que vas a decir...*   *Ya te conozco...*

El hombre se desanima en gran manera cuando lo que hablas y cómo actúas no tiene congruencia. Las mujeres hablamos y creemos que todo está resuelto. Te darás cuenta de que tendrás mejor apreciación de ser escuchada cuando estás más enfocada en hacer que en decir.

Una vez te casas ya el «cómo te ves» pasa a ser –como dije antes– el complemento perfecto de lo que haces y no la prioridad.

Quieres ser alabada y elogiada por tu esposo, ni lo intentes solo vistiéndote bien, eso no es suficiente. Ahora el verte bien implica todo lo que él ve.

¿Qué cosas podemos considerar visibles en cuanto a nuestro rol como esposas y en el hogar?

1. Si el hogar está limpio, ordenado y perfumado
2. Si tus hijos son educados, corregidos e instruidos por ti.
3. Si honras a tu esposo
4. Si estás comprometida con él
5. Si estás comprometida con Dios

¿Son estas cosas tan visibles como el aspecto físico? ¡Sí, y más!

Mantén tu hogar limpio, ordenado y perfumado

Suelo decirles a mis hijas, ¿quieres un lugar donde Dios esté y sus ángeles también? Mantén tu cuarto ordenado y limpio, pues ellos vienen y pertenecen a un lugar donde todo está limpio y completamente ordenado. Esa es la atmósfera de Dios, la atmósfera del cielo.

Un ambiente limpio, ordenado y perfumado es un ambiente que te invita a estar en él y te hace sentir bien. Mantener una atmósfera de paz, armonía, comunicación, reposo y descanso es más que oración. Mantén tu hogar limpio, ordenado y oloroso. Esto hará de tu casa que sea un lugar donde uno desea y disfruta estar.

Educa a tus hijos
Tener hijos educados da testimonio de presencia, dirección, corrección, responsabilidad, consciencia, propósito, liderazgo. El verdadero liderazgo está en el hogar. Que otros te sigan es fácil, que te sigan los tuyos es honorable.

Honra a tu esposo
Honra a tu esposo, no por lo que hace, sino por lo que es. ¿Quién no es tu esposo? Tu amigo, tu compañero, tu apoyo. Esas cualidades son parte de la relación.

¿Quién sí es tu esposo? Tu sacerdote, tu cabeza, tu señor, tu autoridad, tu guía, tu ejemplo. Si no rechazas este principio y permites que te llegue al corazón, tu relación se disparará a otra dimensión. La dimensión de la perfecta voluntad de Dios para ti y tu matrimonio.

Cambiar los principios bíblicos y el orden divino de Dios para su creación ha traído grandes y terribles consecuencias en este mundo. Un día alguien tomó la Biblia en su mano y la puso en alto y preguntó ante las cámaras: «¿Quién dijo que nos tenemos que regir por lo que dice este libro?» Un día alguien dijo: le daremos nuestro propio significado al amor, al matrimonio, a la familia y a los valores morales que antes tenían su origen en la Palabra. Ahora tenemos un mundo en decadencia, una familia desintegrada y miles de millones de gente deprimida y triste, intentando llenar sus corazones con cosas que nunca les llenarán. No seas parte de ese movimiento, decide honrar a Dios y a su palabra y te irá bien en todo.

> *"Aprende pues, hoy, y reflexiona en tu corazón que Jehová es Dios arriba en el cielo y abajo en la tierra, y no hay otro. Y guarda sus estatutos y sus mandamientos, los cuales yo te mando hoy, para que te vaya bien a ti y a tus hijos después de ti, y prolongues tus días sobre la tierra que Jehová tu Dios te da para siempre»* (Deuteronomio 4:39-40).

Honrar no es otra cosa que reconocer y demostrar ese reconocimiento. Honrar a Dios implica reconocer que Él es tu Dios y cumplir sus mandamientos.

> «*El que tiene mis mandamientos, y los guarda, ese es el que me ama; y el que me ama, será amado por mi Padre, y yo le amaré, y me manifestaré a él*» (Juan 14:21).

Este mundo quiere amar a Dios con base a sus propios conceptos, por eso un día Jesús dijo:

> «*Este pueblo de labios me honra; Mas su corazón está lejos de mí*» (Mateo 15:8).

¿Cómo, pues, honramos a nuestros esposos? Reconocimiento y respeto.

Muéstrate comprometida con él
Ámate a ti misma…porque eres de él. Dedícate tiempo, cuida tu salud, cuida tu apariencia, cuida tu figura, cuida tu corazón, cuida tu lenguaje, tus actitudes y tus modales. Ten un buen manejo del tiempo y las finanzas. Cuida lo que tienen.

Cuida tu relación con él. Muéstrate interesada en preservar las cosas que disfrutan juntos, muéstrate interesada en él, en su salud y sus intereses. Preserva aquellas cualidades que te identifican, que te distinguen y que un día fueron las que lo enamoraron.

Una persona se muestra comprometida con algo cuando cumple con sus obligaciones, con aquello que se ha propuesto o que le ha sido encomendado. Una mujer se muestra comprometida con su esposo cuando honra el pacto matrimonial. Cuando cumple con sus deberes sin excusas, sin ambivalencia, ni mediocridad. Está comprometida cuando persiste en hacer su parte y no se escuda en las faltas de su cónyuge. Es más fácil decir qué falta al otro hacer, que reconocer si estoy o no haciendo lo que debo.

"quien halla esposa halla la felicidad: muestras de su favor le ha dado el Señor» (Proverbios 18:22-NVI).

« Le da ella bien y no mal Todos los días de su vida» (Proverbios 31:12).

Muéstrate comprometida con Dios

Sé una mujer que goza de una relación íntima y personal con Dios y que diariamente su fruto es rebosante. Una mujer que sabe quién es Dios corre a Él diariamente y procura encontrarle. Amo la historia de una mujer en la Biblia que sabía el poder que aquel hombre portaba (Jesús). Ella hizo todo lo posible por tocar tan siquiera el borde de su manto. Dice la palabra que virtud salió de Él cuando ella le tocó.

Virtud es la misma palabra que utiliza el proverbista para describir aquella mujer que goza del carácter que el amado ama y admira. Una mujer virtuosa toca el manto que le imparte virtud día a día, no teme a las malas temporadas porque confía y depende de Él, una mujer que opera en la virtud que viene del Padre y del toque diario que nos imparte cuando le buscamos.

"Engañosa es la gracia, y vana la hermosura; La mujer que teme a Jehová, esa será alabada» (Proverbios 31:30).

Capítulo 7

CRECE, NO PARES DE CRECER

Me tomó cuatro años, después de comenzar a escribir, percatarme de la importancia de compartirte acerca del crecimiento. Esto fue un extra porque vino luego de terminar los primeros capítulos inspirados desde el principio. Este tema lo he experimentado a lo largo de mi matrimonio, y aún más, luego de tener a mis princesas Avril y Avigáyl.

Cuando era niña recuerdo despedir a mi mamá, cada mañana, antes de salir el sol. Ella se dirigía a su trabajo diariamente. En aquel tiempo los niños no andábamos con celulares y los equipos de mensajería aún no existían. Así que cada día yo volvía a ver a mi mamá cerca de las 6:00 pm. Durante todo ese tiempo yo me preparaba, salía al colegio, regresaba a casa, comía algo, veía televisión, hablaba por teléfono y realizaba alguna tarea que mi mamá me hubiera asignado para ese día.

Cuando era pequeña estuve en cuidos, ya más grandecita, como a eso de mis 10 años, entonces asumí esta rutina que te cuento. Te imaginas a los 11 años tener la libertad de decidir si vas a la escuela o no, si realizas la tarea o no. Esta dinámica no me ayudó a desarrollar buenos hábitos para administrar mi tiempo y ser productiva. Cada día estaba en una especie de espera y lo que se fuera a hacer en el día se realizaba al llegar mi mamá.

Cuando llegué a la Universidad comencé a experimentar conflictos en mi comportamiento que impedían el logro de mis metas y proyectos. Comenzaba cada curso siendo la estudiante estrella, porque esa era mi capacidad, pero lamentablemente no llegaba al final debido a que no era mi hábito. Noté que hubo días que llegaba a la universidad y permanecía en el auto durante horas. Me invadían frustraciones y un sentido de no saber cómo culminar lo que había comenzado. Con la ayuda de Dios y gracias al sentido de identidad que Dios me regaló desde niña, lo logré. Sin embargo, el proceso quedó como una experiencia que hoy te puedo compartir.

Dios nos creó para ser la ayuda idónea de un hombre que Él mismo creó para ser cabeza. Cuando no crecemos nuestros esposos sienten la desesperanza de alcanzar las cosas mayores que sueñan y que Dios les ha prometido.

Ellos son conscientes de que es con nuestra ayuda que lo lograrán con mayor facilidad porque esa es la voluntad del Padre y el resultado de un matrimonio con propósito.

Cuando crecemos, todas las áreas de nuestra vida van en avanzada. Lo que diferencia una etapa de nuestra vida con la otra es el crecimiento. Antes éramos pequeños, ahora grandes. Entonces pensábamos de una forma, ahora de otra. Antes hablábamos de una forma, ahora de otra. Antes nos comportábamos de una forma, ahora de otra. Y todo, porque hemos crecido. Así nuestro crecimiento de ahora dará resultados luego. Debemos permanecer creciendo diaria y constantemente.

¿Has visto alguna persona otra vez después de algunos años y has dicho: «la misma, se ve igual, habla igual, vive igual, hace lo mismo»? Esa persona es la misma porque no ha crecido. Por el contrario, ¿te has encontrado alguna persona que te ha provocado alegría por los cambios que puedes percibir?

Fíjate que cuando una persona crece, su entorno crece con ella. Las mujeres debemos crecer debido al movimiento que viene de nuestra cabeza, esto es, que no somos exclusivamente responsables del crecimiento. Sin embargo, somos una parte esencial para el cumplimiento del propósito y la buena voluntad de Dios para con nuestros hogares y matrimonio.

En Génesis 2:16-20, Dios le encarga al hombre el gobierno responsable de la tierra. En Génesis 2:20, Adán se percata que es la única creación incapaz de cumplir el mandato divino que por naturaleza había recibido «creced y multiplicad».

Me imagino a Adán preguntándose, «Ok, todo está bien atendido, ahora todo dará su fruto, y cumple con el mandato de Dios, pero, ¿cómo se supone que lo haga yo?» Entonces es ahí donde toma lugar la creación de la mujer. ¿Por qué no antes, por qué no los creó a los dos a la vez como dijo en Génesis 1:27? Hombre y mujer los creó.

La creación de la mujer tuvo un momento específico dentro del plan de Dios.

Ella fue creada
- Cuando Adán supo, tuvo conciencia de su incapacidad de cumplir con el mandato divino sin una ayuda idónea.
- Cuando Adán ya había recibido la delegación del gobierno de modo que ella entendía desde su origen que estaba ahí y había sido formada como la ayuda idónea, perfecta y apropiada para él.

De ahí nace todo. Una mujer que no crece desvía a su esposo de su encomienda principal, el sacerdocio; debido a que entonces deberá ocuparse de ella y sus necesidades. Una mujer que crece y se desarrolla hace que su esposo mantenga el enfoque de cumplir con la encomienda de su Creador estando ella ahí como un complemento y una ayuda apropiada para él.

Capítulo 8

CÓMO NOS CONOCIMOS BENJAMÍN Y YO

Yo ciertamente me hubiera equivocado. Ahora puedes ver cualidades en mí que no estaban antes de conocer a mi esposo. La falta y la necesidad de la figura paterna me llevaba a involucrarme emocionalmente muy rápido con la figura varonil. Ninguno de los chicos con los que traté de llenar esa necesidad de mi alma era el indicado. Tal vez asistían a la iglesia, estaban enamorados de mí, decían palabras que llenaban mis emociones, pero sus manos no eran seguras para mí. Hubieran destruido inmediatamente mi identidad y atrofiado mi destino. Yo nunca fui capaz de hacer la elección correcta. ¡Dios me dio la capacidad para elegir! El sentido de identidad en Él y la conciencia de su amor por mí fueron clave en esa decisión tan importante.

¿Qué pasó?

A pesar de mi inseguridad tenía la certeza de que Dios tenía propósito con mi vida. Así que seguía involucrándome emocionalmente, pero comencé a tener dominio de mis decisiones, aunque mis emociones continuaban ejerciendo su influencia.

Estaba convencida de que aquel jovencito de ojos lindos, deportista y atractivo jamás sería mi novio. ¡Eso era imposible! Era como por ejemplo tratar de unir el aceite con el agua… jijiji. Puedes lograr una deliciosa vinagreta, pero nunca llegarán a ser uno. Así lo veía de verdad. Hasta el día que una pregunta me llevó a confesar la verdad y voluntad de Dios.

¿Cómo fue?

Mi mamá me preguntó, si Dios te preguntara las cualidades de tu amado, ¿cuáles serían? Fui muy ligera al responder. Respondí con mi voluntad y no con mi mente. No pensé, solo comencé a hablar. De momento mi mamá me interrumpe, «Kenia, no seas tan ligera, ¡piensa! Menciona 5 cualidades solamente» Ok, le respondí. Tomé unos segundos para examinar mi corazón y alinear mis palabras a la verdad (verdad = lo que necesito, qué es lo que Dios quiere para mí).

Y contesté:
1. Que ame a Dios sobre todas las cosas - más que a mí, que su amor a Dios sea evidente.
2. Que ame a mi mamá – que ame las cosas que son importantes para mí.
3. Que ame el ministerio.

4. Que sea trigueño y «acicalado».
5. Que sea mayor en edad que yo.

Entonces, llegó el día. Les cuento...

Yo era presidenta de jóvenes del Concilio Wesleyano de Puerto Rico. No era un Concilio muy grande para aquel entonces. Llevaba ya algunos años dirigiendo esa juventud y, por lo tanto, conocía la mayoría de los jóvenes que asistían a los eventos distritales.

Aquella primera noche de Congreso llegué temprano, inmediatamente identifiqué un joven que no había visto antes. Estaba arrodillado orando, también había llegado temprano; era atractivo, elegante y de buuuuuen parecer. Bueno, ese no era mi objetivo esa noche, así que continué con mi agenda.

Aparentemente él también me vio porque comenzó el juego de miradas; él, «no te estoy mirando, pero que hermosa sensación». Yo me decía en mi interior: «no se te olvide, Kenia, que eres la presidenta y él es una visita, ENFÓCATE *PLIS*». Me encontraba al frente ministrando, al finalizar quedé ubicada en la primera fila. Disimuladamente, miré al extremo de la iglesia y ¡NO! ya no estaba allí. Me volteé a mirar tras de mí y ese fue el momento más espiritual del comienzo, parecía tipo película. En mi mente se hizo silencio, se abrió paso entre la multitud y quedé pegada a esos ojos por unos segundos. La mirada fue penetrante, íntima hasta el alma. Allí no existió nadie más, pero ... ¡Ey, reacciona! estás en el culto y no ha terminado. Concluí el evento e inmediatamente, sin pensar hice algo que les prometo, no había hecho antes. Tomé un papel de mi agenda, anoté mi número de celular y lo envié con una joven llamada Sharon. ¿La conoces? Al día de hoy, no sé qué pensó Sharon en ese momento, yo era su líder.

Bueno, se acabó todo y nos fuimos a comer helados. Llegando al lugar sonó el teléfono y le dije a Sharon «tú también estás soltera, tómalo para ti, aprovecha». Yo ya había reaccionado y no me imaginaba decirle a él quién era yo. ¡Olvídalo! La llamada duró solo unos minutos, no le dije mi nombre, me disculpé con él y colgué. Pero, el congreso duraba tres días.

Al siguiente día, él llegó, lo recibí, lo saludé, le dije «buen provecho», como toda una líder a su invitado. La presidenta de jóvenes de la iglesia a la cual él asistía, se acercó a pedirme mi número de teléfono; inmediatamente lo capté, y le di para anotar el número de teléfono de mi hogar. Diga conmigo: «Inteligente». ¡Brillante!

Ese día, le presentaron a otra joven, hija del pastor de la iglesia local donde se realizaba el congreso. Me vi tentada a correr tras él, pero no lo hice. ¡No, jamás! Ya había hecho suficiente con lo del «papelito».

Esa noche recibí su llamada y me saludó por mi nombre. Diga conmigo: «Revelación». *¡Wujuu!* Al paso del tiempo las 5 declaraciones fueron confirmadas. El mayor testimonio ha sido los frutos, el orden y el cumplimiento de cada punto.

Hoy me encuentro felizmente casada y antes de finalizar te comparto dos principios que aprendí durante esa temporada.

Genesis 2:24
²⁴ *Por tanto, dejará el hombre a su padre y a su madre, y se unirá a su mujer, y serán una sola carne.*

1. Este versículo bíblico establece los principios que fundamentan el acto matrimonial según la Biblia. Nos muestra la transición entre el noviazgo y el matrimonio y sobre todo, el inicio de cada familia.

   – **Dejará el hombre a su padre y a su madre**
   – **Se unirá a su mujer**
   – **Serán una sola carne**

En el primer capítulo de este libro te compartí sobre la primera parte de este versículo; Dejar. Hablamos sobre «dejará el hombre a su padre y a su madre». Ahora, continúa diciendo, «se unirá a su mujer»; esta expresión «**su mujer**» implica que se ha encontrado la persona idónea para el matrimonio.

Te cuento que en los tiempos bíblicos la elección de la persona idónea no era un asunto emocional como en estos tiempos, donde una decisión tan importante en ocasiones se le deja a las emociones propias o a la influencia de terceras personas.

Antes eran los padres quienes escogían y aprobaban la persona con quien se casarían sus hijos. Puesto que ellos escogían no con base en las emociones sino con base a las cualidades que debía tener el cónyuge según el linaje familiar.

Por ejemplo, en el libro de Génesis observamos la historia del matrimonio de Isaac y Rebeca, padres de Esaú y Jacob. Cuenta la historia que Esaú se casó no con una, sino con dos mujeres heteas y fue de mucha amargura para los suyos.

Génesis 26:34-35-NVI *³⁴ Esaú tenía cuarenta años cuando se casó con Judit hija de Beerí, el hitita. También se casó con Basemat, hija de un hitita llamado Elón. ³⁵ Estas dos mujeres les causaron mucha amargura a Isaac y a Rebeca.*

Génesis 28:1-4-NVI *¹ Isaac entonces llamó a Jacob, lo bendijo y le ordenó: —No te cases con ninguna mujer de aquí de Canaán. ² Vete ahora mismo a Padán Aram,[a] a la casa de Betuel, tu abuelo materno, y cásate allá con una de las hijas de tu tío Labán. ³ Que el Dios Todopoderoso te bendiga, te haga fecundo y haga que salgan de ti numerosas naciones. ⁴ Que también te dé, a ti y a tu descendencia, la bendición de Abraham, para que puedan poseer esta tierra donde ahora vives como extranjero, esta tierra que Dios le prometió a Abraham.*

Estos versículos nos relatan la importancia que tiene casarse con la persona idónea y las consecuencias de tal decisión.

¡Qué bendición tan grande poseemos cuando nos casamos con la persona correcta! Un matrimonio idóneo posee la bendición de Dios para sí y para los suyos. Este matrimonio es capaz de multiplicarse, es capaz de conquistar promesas y edificar una generación con identidad y propósito. Por el contrario, casarse con la persona incorrecta puede traer grandes amarguras.

En estos días hay una tendencia emocional al momento de elegir con quién me casaré y cómo sé si es la persona idónea.

Algunas de las motivaciones actuales podrían ser:

- Conocí esta persona, tenemos buena química, nos llevamos bien y nos casamos.
- Conocí esta persona, tiene algunas cosas que debe cambiar, pero me gusta mucho; me siento enamorada y me casaré.
- Conocí este hombre que no me trata bien, no me valora como quisiera, pero se ve bien; tiene influencia, me representa y me casaré con él.
- Conocí este joven que no trabaja, no parece prometer un futuro muy estable, pero me hace sentir como una princesa. Me regala cosas materiales, me impresiona con sus escritos, me dedica canciones, me toma de la mano, dice que soy hermosa y eso es suficiente para mí.
- Conocí esta persona con la que no comparto nada presente ni futuro, pero todos dicen que es perfecto para mí.
- Todos, inclusive en la iglesia me dicen si sientes que lo amas, pues cásate.

Esta es la razón por la cual tenemos muchos matrimonios fracasados dentro de la iglesia. Algunos ya divorciados. Otros que han permanecido juntos, han formado una familia, pero saben que han tronchado la promesa y viven con la conciencia de haberse casado con la persona incorrecta o con una buena persona, pero no la persona idónea con la que se alcanza y se recibe bendición.

Casarte con la persona incorrecta puede ser un dolor de cabeza para ti y para los tuyos. Mas allá de si algún día decidieras terminar esa relación, esa persona ya no formará parte de tu vida, sin embargo, formará parte de la de tus hijos para siempre.

No lo tomes a la ligera, toma la decisión correcta y hazlo a tiempo si tienes la oportunidad.

Aprendí que la clave está en la identidad. No es posible encontrar la persona idónea si no conoces tu linaje y no tienes clara tu identidad. Si le has entregado tu vida a Jesús entonces perteneces a un linaje escogido. Eres parte de una nación santa y de un pueblo que Dios ha adquirido para sí.

⁹ Mas vosotros sois linaje escogido, real sacerdocio, nación santa, pueblo adquirido por Dios, para que anunciéis las virtudes de aquel que os llamó de las tinieblas a su luz admirable (1 Pedro 2:9).

Quiere decir que somos un pueblo que Dios ha separado para mostrar sus propias cualidades al mundo.

Si este es tu linaje y tu identidad, la persona con la que te casarás no es una persona perfecta, pero es parte de este linaje escogido. Debe serlo antes del casamiento. Si ya estás casada con él y no forma parte aún de este linaje entonces no te separes de él. Sé tú esa nación santa y anuncia las virtudes de Dios en tu casa (1 Corintios 7: 12-14).

Eres hija de Dios, permite que tu Padre elija por ti. Yo me hubiera equivocado si la decisión de casarme hubiera sido tomada solo por la lista de cualidades que yo deseaba. Fue necesario definir mi identidad y descartar de la lista todos aquellos pretendientes que tal vez me agradaron, pero no eran idóneos a mi persona como hija de Dios. Cuando tuve esto presente, Dios me guio a la persona indicada y hoy me gozo en la dicha de su voluntad.

No vivan según el modelo de este mundo. Mejor dejen que Dios transforme su vida con una nueva manera de pensar. Así podrán entender y aceptar lo que Dios quiere para ustedes y también lo que es bueno, perfecto y agradable a él (Romanos 12:2-PDT).
¡Su voluntad me ha resultado buena, perfecta y agradable!

2. ... y serán una sola carne
Una sola carne es la unión más maravillosa que Dios ha creado y que podemos experimentar en nuestra naturaleza humana. «Y serán una sola carne» significa consumación, unión y comienzo. Es el momento en que un cuerpo se une con el otro bajo un pacto y un compromiso, y forma una sola carne. Aquí se consuma el pacto, se cierra una etapa y se comienza otra. Recuerda, primero dejamos, segundo nos

unimos a la persona idónea y por último entramos en el acto que ratifica esta unión y establece el comienzo de la unión matrimonial.

La primera unión sexual entre el hombre y la mujer es un acto que en el cielo se considera como la consumación de un pacto y el inicio de una nueva etapa. Este acto establece la unión del uno para con el otro, libera el sentido de pertenencia y de autoridad. Es un puente de influencia tripartita de uno para con el otro. Es una experiencia que une y entrelaza nuestra tricotomía. Por eso, no es cualquier cosa. No es un mero acto de placer como lo es para el mundo. Aun este acto Dios lo creó para sus planes y mandamientos. Es el medio para crecer y multiplicarse como Él dijo. El placer físico viene para que disfrutemos de hacer su voluntad. Como decía el salmista: «*Hacer tu voluntad, me ha agradado*» (Salmos 40.8).

Hacer la voluntad de Dios siempre traerá a nuestra vida placer, complacencia, deleite y satisfacción. Por eso resulta tan placentera la unión sexual que tenemos con nuestro cónyuge. Es un acto para disfrutarlo con la santidad y el amor que se transmiten uno al otro. ¡Es maravilloso!

Si te has saltado los pasos y has abierto estas experiencias antes de tiempo, ve a Dios una y otra vez y esfuérzate por enderezar tus pasos y hacer las cosas debidamente.

Cometer un error casi nunca es el problema; no corregirlo, sí lo es. Saltarnos el paso puede implicar que se alteren los tiempos también, porque todo tiene su tiempo; como el comportamiento debido y saludable propio del noviazgo. Experimentar esta unión antes del pacto, liberará el sentido de pertenencia, autoridad y consumación antes del tiempo determinado. Cambiará el enfoque y las prioridades que se deben tener previo al matrimonio.

Me resta compartirte mi testimonio, el testimonio de una joven que al casarse solo sabía correr a Dios y depender de Él. Mi relación con Abba (Dios) y su Espíritu Santo me ayudó a edificar un matrimonio y una familia que no es perfecta pero que es bendecida y goza de las promesas de Dios todos los días. Oro para que así como Dios me ayudó a mí y se acordó de mi necesidad, así también lo haga contigo, te dé su apoyo y goces de su bendición.

Amor mío, esta parte es para ti.

Gracias por ser el hombre que eres. Puedo honrarte con libertad y en verdad.

Cuando nos conocimos brillaba en mí la luz del liderazgo, de la unción y la capacidad, pero, fuiste tú quien dio color al amor, al motivo y al propósito. Cuando te percataste de que en ciertas áreas aún era una niña, no me desechaste, sino que me amaste y fuiste paciente. Me sanaste, me pastoreaste y me enamoraste cada día más y más. Sacaste lo mejor de mí y te rendiré frutos para siempre.

Amo lo que somos y amo lo que eres, somos un reflejo de tu corazón así como lo eres tú del corazón de Dios.

Gracias por tu provisión, tu aportación ilimitada y tu apoyo para este proyecto. Tu carácter está plasmado aquí y te agradezco por ello. Te amo.

Con amor,
Tu esposa

"...porque la mujer no es sin el hombre, ni el hombre sin la mujer". 1 Corintios 11:11

Mi real tesoro

VIVENCIAS / 81

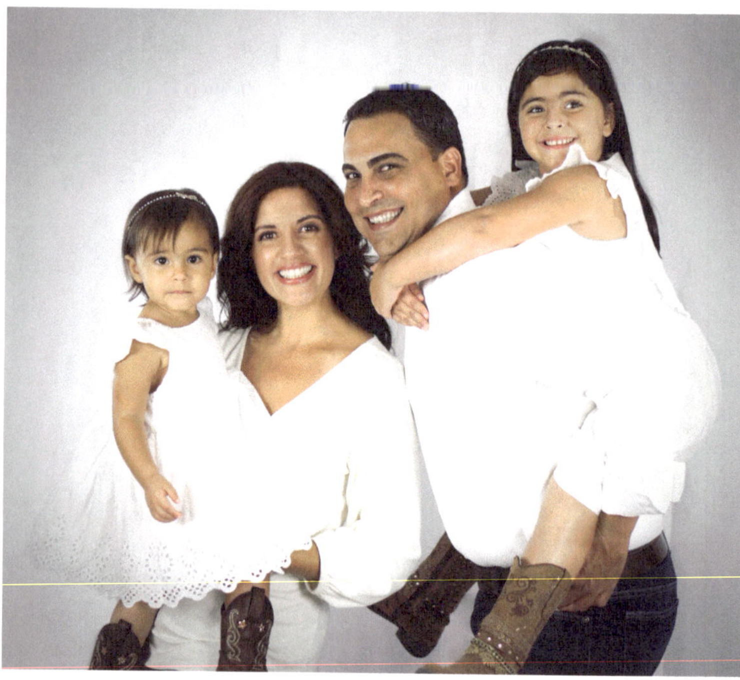

DESTINO

Este libro está destinado a:
- ser el primero de muchos.
- quedar como un tesoro para mis nietos y mis generaciones.
- ser una experiencia de transformación y crecimiento para multitudes de mujeres y matrimonios.
- alcanzar, afectar e impactar las generaciones futuras.
- llegar hasta los límites que en el cielo están escritos para esta producción.
- ser un regalo de honra para mis padres, José Luis Larroy y Nilsa Rodríguez

Amén.

SOBRE LA AUTORA

Kenia Larroy de Geigel es nacida y criada en Puerto Rico. Reside en el estado de la Florida, en Estados Unidos, desde el año 2014. Es educadora de llamado y profesión. Está casada con el pastor Benjamín Geigel y juntos dirigen el Movimiento Apostólico y Profético Sanador. Como fruto de esta unión han traído al mundo a las princesas Avril y Avigáyl Geigel. Como familia han logrado impactar generaciones en Puerto Rico, Santo Domingo y diversas partes en los Estados Unidos. Son directores y fundadores del Proyecto Adopta un Rey, Inc., fundación mediante la cual han bendecido a cientos de niños, sus familias y comunidades, en la República Dominicana.

Su pasión por la niñez y la familia han llevado a Kenia a desarrollarse en la creación de currículos de impacto para niños, padres y maestros. Algunos de esos proyectos son: Jardín de valores, Proyecto Adopta un rey, La casita de la familia Sanador, La semana rosa, Un tiempo con el Rey.

Kenia es conferencista en el campo de la educación y la

familia. Es entrenadora de maestros y una apasionada en transformar generaciones, a través de la enseñanza de la Palabra y el discipulado. Se considera una constructora de los sueños de Dios en la tierra y defensora de los principios cristianos en el hogar y la familia.

EXPERIENCES
KENIA LARROY

Experiences
©Kenia Larroy, 2021. All Rights Reserved
Cover Design: Rocío Ríos
Photos: Luis S. Prieto, Jr. y Milka Pollock
luminouscreations@gmail.com
Interior Design: Rocío Ríos

Editorial Services: Bestsellers Media
ISBN: 978-1-7327847-5-8

Biblical verses were taken from the New Living Translation unless otherwise noted.

Printed in USA

CONTENT

DEDICATION 95
ACKNOWLEDGMENTS 97
PROLOGUE 101
PREFACE 105
INTRODUCTION 107
1 - CLOSING THE DOORS TO THE PAST 111
2 - THE IMPORTANCE OF COMPLIMENTS 121
3 - BREATHE, INHALE, EXHALE ... AND BE SILENT ... 129
4 - CONTRADICT YOUR SOUL 135
5 - LOVE 141
6 - HE WILL LOVE YOU FOR WHO YOU ARE 145
7 - NEVER STOP GROWING 157
8 - HOW BENJAMIN AND I MET 163
PHOTOS 176
THE PURPOSE OF THIS BOOK 179
ABOUT THE AUTHOR 181

DEDICATION

I am dedicating this book to:
My Abba, my heavenly father, my teacher, my eternal love, my covering, my God.

My daughter Avril Geigel Larroy, my firstborn who is the daughter of joy and represents my children and my future generations.

My first generation of spiritual daughters: Mariely Bonilla, Adrianette Montijo, Johana Quiñones, Milka Pollock and Gladybel Dávila.

And to you, dear reader, a part of the generation of women who have chosen to love those whom God has given you in order to live in happiness.

ACKNOWLEDGMENTS

First and foremost, I want to thank God, the author of my life, the owner of my days and who has won me my salvation. "You designed everything and it was perfect. Both my good and bad days were written by you. First you wrote it, and then one day I discovered it. Now I am able to share my story to honor you. Thank you."

I thank my husband, Benjamin Geigel, for his constant investment in my life and for being so patient with me, and providing for me with his constant love, care, trust. His practical advice and direction have been the key to the completing of this project.

Thanks to my princesses, Avril and Avigáyl, for respecting the investment of time required by the heavenly commissions, and for serving God along with us with so much joy and passion.

I thank my mother, my friend, and one of my most precious treasures, Nilsa Rodríguez. "You have been my source of daily support, demonstrating over and over again God's love and design for me. Your constant motivation, help and faith in me were indispensable in the writing of this book. Thank you for your valuable input and patience."

Thanks to my in-laws, Benjamin and Miriam Geigel. "I believe that behind every successful project there are knees bent in prayer."

Thanks to Loida Ortiz and her Bestsellers Media team for their excellence, guidance and direction in the process.

Thanks to our spiritual children, pastors Luis Samuel and Milka Prieto, for always being present and available to us. For investing their lives, time and resources for the expansion of the kingdom.

Thanks to Rebbecah Prieto, for my personal grooming, as well as for that of my husband and my daughters. "Thank you for your constant love, care and help."

Thanks to Lic. Joe Rodríguez and his wife Ivonne Padró for their valuable counsel and prayer. For their time invested in talking with us and their wise counsel.

Thanks to Pastor Carmen Lilia Jaimes de Montes De Oca –the writer of the forward– for being a woman in tune with heaven and focused in her determination to impact generations. "My friend, your investment is valuable in the kingdom and I am so pleased with your participation! Thank you."

Finally, to people who with their talents and abilities put the final touch on some details: Jorge Galindez, Lynnette Rodríguez and Natalia Montes De Oca.

To my family and spiritual children, who indirectly bless us and are God's instruments to facilitate, promote and carry out God's dreams on earth.

Thank you!

PROLOGUE

Exciting, informative, educational, inspiring. These are just some of the words that can describe **EXPERIENCES**, a wonderful book written by my friend, Pastor Kenia Larroy, whom I know and honor as a spiritual warrior and deep lover of a new generation of women who are free in God. Kenia understands the power that lives in a mother who "understands" and for this reason she dared to capture her experiences with the absolute conviction that each young woman to whom this message reaches will be able to impact her generation with the power of God's Word that is evident in every page of this book.

A life testimony is something that cannot be contradicted, and no one can refute what a person has lived. This is why **EXPERIENCES** is so powerful, because each experience lived by its author becomes a unique reason to think: "if she could do it, so can I." This is why I feel very privileged to have been chosen to encourage you to read this book. Be ready to embark on a beautiful journey that will lead you on the path of intimacy with the Holy Spirit, because only He will help you grow and mature in such a way that you can assume the identity, purpose and destiny that God has designed for you as a woman. As you begin to read, you will understand how very important is for you to prepare your generations and implant in them the principles and values that will guide their lives in a transcendental way, so that even after you leave this earth, they will remember and speak of your influence.

I am certain that many women, as they begin their married life, struggle with their past, the patterns, culture and way of life that they bring from their parental homes. In this book you will find the tools to correct destructive patterns and be able to build a new life with God in your family, the one you are building today. You will learn to end the past cycles to be able to activate God's new days for your life. You will enjoy learning about the power of praise as a relentless weapon against destructive criticism. You will understand that quite often silence is a sign of wisdom, self-control and the fruit of Spirit. In these pages you will discover the key to developing a dynamic of edifying dialogue full of love.

As you reflect over each word, story and truth presented in these pages, I know that you will understand that every human being is a perfect tripartite creation and that "Miss Soul" is beautiful when she is under God's control, but deadly and very dangerous when she acts on her own! This is because the soul acts on the basis of its past experiences, while the Spirit acts based on obedience. At the end of this reading, your heart will have understood that love is more than a mere feeling, because love is God himself, it is the ability we have to die to our own desires in order to satisfy the needs of another, because that is exactly what Jesus did.

EXPERIENCES will help you understand that over the years, a marriage relationship can provide either the harshest or most beautiful experiences you may encounter. However, if God's love is at the center, there will always be ways for renewal, for mutual care and for unlimited commitment, which will enable you to be a wise woman who practices self-care, self-love and love of God with which to love your husband without limits and contribute significantly to the growth of the relationship.

I could say many things about this beautiful jewel made into a written testimony! By reading its pages you will be challenged to continue building, being inspired and guided by God's model. I only hope that you will be encouraged to read, reflect, make decisions, change and impact the next generation in such a way that they will love God and accept his purposes for the marriage covenant, as well as the aspects of parenting and of life itself.

Carmen Lilia Jaimes de Montes De Oca
Comuni♦a♦ Cristiana Fila♦elfia, Pastor
Director of Children's Ministry *Fortalezas*

PREFACE

D_{ear loved one,}

I write "loved one" because I love you with a love that has been sown in my heart from heaven just for you. Although I may not know you personally, nor ever seen you, I have prayed for you for years. I am writing now because the Lord has revealed to me your need to grow and mature correctly, without repeating the mistakes of others in the past in order to honor your Heavenly Father.

I am aware that some of us have enjoyed a stable family that can serve as an example for future generations in our families, but we have not all had that privilege. However, when it is our time to have a family, we often begin empty-handed, with the sad realization that things are not going the way they should, and we soon discover that we do not know how to act.

This book has been inspired by God just for you. Each chapter will help you to mature, grow, understand, and act according to God's heart and his design for your life and marriage.

My prayer is that each principle will be revealed directly to your heart. I pray that you will choose to act and think wisely. I pray that you learn to forgive, and I pray that you will be the beginning of a healthy, happy and holy generation for God.

With love,
Kenia

INTRODUCTION

It was right around the time that I was turning thirty that I had a deep sense of hope, a feeling that when I turned thirty there would be changes in my life. My thinking was along the lines of "this is the stage in my life when I become mature"; or "I'm feeling insecure because time is going by too fast"; or "now my life will require responsibility, productivity, determination". At the same time, I was sensing with certainty that the promises and purposes God had revealed to me were soon to be realized, there would be others activated in my spirit in order to bring about the visible manifestation of what I had known for years. This was a season in my life that lasted many months, yet I was excited about the arrival of my thirties and everything that I was experiencing in my spirit.

Have you ever felt that there was something big and strong inside of you that is greater than anything that you have achieved or accomplished in the past? It is like a conviction of what you will be but that has not yet manifested itself.

Have you felt this? Do you know what that is called? It is what we can understand as "purpose".

We are all born with a purpose and throughout our lives we seek to discover and fulfill that purpose. Until it is fulfilled, we may feel frustrated, challenged, uncertain and any number of other sensations, until we finally find ourselves in God's dream for each of us. It is there that we experience fulfillment, rest and satisfaction. I was convinced that something powerful was being birthed inside of me, something which I had longed for with all my might.

Are you aware that things that come from God usually remain hidden for long periods of time so that mankind cannot keep them from taking place? Well that was precisely what was happening with me. One of those life purposes that God had for me was about to become a reality.

Curiously, one of those days, my husband walked past me and said, "*You are so beautiful, and I can't wait for you to turn thirty because you are going to be like "wow".* This may sound a little too intimate to share, but it was a confirmation for me that was what it was going to be like. A few hours later when we were alone in our bedroom, the Holy Spirit began to inspire me along these lines, and I began to think: *Soon I will be turning thirty; how extraordinary could that be?*

> Examples:
>
> 1. God put Adam to sleep in order to form someone in his image.
>
> 2. God created life to be formed in the secret place of a woman's womb.
>
> 3. God instructed us to "hide" ourselves in him to be revealed publicly.
>
> *By faith we understand that the entire universe was formed at God's command, that what we now see did not come from anything that can be seen.*
> (Hebrews 11:3)

Then, while I was taking a bath, I began to ask myself, what can I do that would be special for my thirtieth birthday? *WRITE A BOOK! A BOOK!* Just like that, writing a book came into my mind and I was immediately quite excited about the idea. *"A book just for this occasion"*, I thought as I smiled, and my heart pounded. *"I'll write a book as a gift for women."*

I thought about the young girl from my generation and background. That young girl who longed for the wisdom to build a home and a family. *Wow!* So many things began to run through my mind! Then, I remembered what the Lord had told me some time before: *Teach them to love.*

What I had thought at one time: "How can I teach someone to love?" was now about to become a reality. I felt ready to teach young women how to love, and to an entire generation!

"These older women must train the younger women to love their husbands and their children, to live wisely and be pure, to work in their homes, to do good, and to be submissive to their husbands. Then they will not bring shame on the word of God. In the same way, encourage the young men to live wisely." (Titus 2:4-6)

Prepare yourself to leave behind your former way of thinking and to receive the freedom to love God and your husband unconditionally.

Chapter 1

CLOSING THE DOORS TO THE PAST

As a child, I remember my father would always tell me two different things. In a way, both turned out to be a blessing. The first was *"I love you"*, and the second, ironically, was *"Kenia, there is no such thing as happiness".* I say that both were a blessing because I learned to say "I love you" unconditionally and without reservation. I also understood that I was the beginning of a new generation, and as such, I would be the one to decide what would be passed on, through me, from my generation to the next.

By the grace of God, from my very early childhood, I always had a very personal relationship with God as my Father, a relationship expressed in Hebrew with the word Abba. Even though both my parents had known the Lord and at one time had been active in a church, over time they had drifted away from a close walk with the Lord. As a result, I became the product of a dysfunctional family. Despite having no role models or examples to follow in my life, as a child I would often lock myself in my room and talk alone with God, who from then on I related to as my Father.

I did everything under the inspiration of the Holy Spirit, worshiping the Lord Jesus who had revealed his infinite love for me. This was the first thing I learned from God and it was he himself who taught me. I also learned to speak in tongues and how to rebuke demons, and all of those experiences became my foundation and my shield for the days to come.

Because of the Lord, my father's words *"Kenia, there is no such thing as happiness"* were never fulfilled in my life. Happiness was already inside me and it was impossible to accept what he had said. I understood that he himself had not been happy, and that pattern of unhappiness was trying to transfer itself to me, in a generational sort of way.

Women represent the gender that has been chosen to continue a generational line in terms of giving birth. According to the Scriptures, every woman represents a new generation. What I would receive in my life would also be a part of the lives of the children that God would give me. So, while I never accepted my father's statement, the time came in my life where annulling that statement would take much more than just not believing it.

I met my husband in 2001 and was convinced that he was the man that God had for me. I knew he was the ideal complement with whom I would be made complete, and ready to start a new generation and leave behind my dysfunctional past.

I had to choose between one of the two: my past or my future. Letting go of my past, however, implied a lengthy and difficult process of breaking down my emotions and my soul, large and serious renunciations, intense nights of liberation and lifting of generational curses. It was a long process, however real. Of this process, I could write another entire book. For now, I want you to know that regardless of whether your past has been bad or good, you will need to surrender it in order to start a new life.

That is what happens when we enter marriage. We enter a new life that is no longer about ourselves, nor about our partner. Now it is the result of two individual complementing each other.

> *"This explains why a man **leaves** his father an♦ mother an♦ is joine♦ to his wife, an♦ the two are unite♦ into one."*
> (Genesis 2:24, emphasis added)

Leave. Note that this biblical text refers to *"a man leaving"*. In biblical times when a woman married, she became part of the husband's family. When the Word emphasizes the man, however, it is not implying that the woman does not also leave her mother and father. The emphasis here is that a new beginning starts with an awareness of cutting the umbilical cord that keeps us in the position of belonging, to assume the responsibility of initiating something new. In other words, there is a change in one's way of thinking.

This does not mean that the family relationship changes, or that there is a move far away from one's parents. It does mean, however, that now one must be aware that the position of princess will now become that of queen.

What are some examples of things that change?

– Comfort of a daughter	vs.	Responsibility as a wife
– Dependency as a daughter	vs.	Duties as a wife
– Family patterns	vs.	New lifestyle
– Belonging to what has been established	vs.	Building of a new home

A simple, everyday example:
In your family it may have been customary to add cocoa to the milk for your cereal, but in your spouse's home the cereal was eaten with a banana sliced over it. It was always like that in your respective homes because that is how your parents did it. Now it doesn't have to be like that; you don't

have to eat the banana and he doesn't have to have the cocoa. Now that you married, the banana and the cocoa can be left behind. You and your husband may decide if you want to have breakfast or not, if it will be cereal or eggs; and if you want to go to Denny's, that's fine also. The new patterns are established by the both of you and are result of your union. Otherwise, welcome to "Marriage Conflicts 101". He wants cereal with banana, and you want cocoa with your milk.

This can be a very simple and easy-to-solve example, but when the differences in the patterns and styles with which we were raised build up and influence our family life in a new home, it can become somewhat tricky.

This is what usually happens during the first years of marriage. There is a silent struggle to implement what I believe is correct, or at least how I believe it should be. Now, what I believe to be correct was established by third parties (EACH PARTNER'S PARENTS). These third parties conditioned, influenced, designed and established their marriage and family life based on their own perspective, and generally based on their own prior experiences.

Understand that we must enter marriage with the awareness that now the perspective of things should not be merely "my perspective", but also based on what is God's perspective.

Think about this:

- Who established the institution of marriage?
- For whom did he establish it?
- Where can we find the fundamental bases for marriage?

This new perspective will bring a correct and unique foundation for you and your children, considering that God will demand from each one according to what has been given him or her. God has the specific tools for you and special instructions for those that belong to you. No matter how good or bad your past, you must decide to renounce it and assume the responsibility of building your new life according to correct influences and patterns.

It is much easier to rid ourselves of the wrong patterns than the correct ones. Allow me to explain. When you come from a home with divorced parents or divided families as a result of adultery, the love of money, or vices such as drugs and alcohol, among other things, it is much easier to say *"well, I will definitely get rid of this mold because it will not help me build a healthy future"*. Now, when you come from a home with parents who have remained married, attend church, or are even involved in some form of ministry, you might ask yourself, *why should I rid myself of this kind of family mold?*

Remember, whatever your own past, whether it was good or bad, you marry someone with the awareness that the past is behind you. The doors of the past are closed and a new season begins in your life, that of marriage and the building of your own home!

Why run to the past to see how your mom, your aunt or your grandmother did things? Why allow history to repeat itself? God has a wonderful and exclusive agenda for you. Run to Jesus, even when you feel confident that you are entering marriage with good role models in your life. Discover for yourself!

Enjoy the blessing, satisfaction, and joy that comes from building a home that is not like the one to which you belonged, but rather the one which you have a duty to build. Consider that you do not have to give up your ways to assume the new ones, but to ensure that the correct ones are established.

I remember a young newlywed couple facing the challenges during their early years of marriage. He came from a home totally broken as a result of drugs, and raised by a mother who faced every hardship head on in order to raise her children as people who wouldn't have to face the same hardships as they had experienced in their childhood. She, on the other hand, came from a tight-knit family with Christian parents who had professional careers.

As soon as they were married, the silent struggle of wills began. They clashed, because she functioned with this model: First pray, second consult, and then wait on God. He operated on the following model: Go for it. Do it now! When they tried to resolve something together, the two different models made it impossible. The indirect language was: *"You should be a little more like my mom, or you should learn a little more from my dad."*

Why should he stop thinking like his mom if she always produced results? And why should she stop thinking like her dad, if he always gave results? Should she stop being what her family taught her to be in order to assume her mother-in-law's ways? Or, should he leave his mother's ways and learn to be a little more like his father-in-law? Neither of these options would be correct, because mother-in-law and father-in-law were left behind. Now, the "up and at 'em!" attitude stayed at home with the mother-in-law, and the "let's wait and see" remained with the father-in-law. Together, the couple had to find their own ways and write their own manual for their new home, each renouncing the effort to implement what they thought was correct based on previous experiences.

This can be happening to any of us in many areas. How should we pray, how should we communicate, how should we share, how should we do so many things.

My prayer is that the Holy Spirit will minister to you in a much deeper way than with my words. I pray that he will enlighten your heart and reveal all those things that you must abandon in order to enjoy the new journey that you have chosen to begin. I pray that you can recognize if you are consciously or unconsciously forcing to implement those principles that you thought were the right thing to do.

At the end of this chapter, take some time to reflect. Make a list of all that the Holy Spirit is showing you and begin working on them. This will be much more effective than working hard to resolve the conflicts that arise due to your differences.

Closing the doors of the past and trying to do things properly is one of the guarantees that you will have God's blessing on your life and marriage. This is a step that should be taken in a mature manner. Close the doors of the past and enjoy God's blessing for your marriage today.

Leave...

Chapter 2

THE IMPORTANCE OF COMPLIMENTS

I am so convinced that words have power! Today I have daily experiences and opportunities that I had only been spoken and envisioned in my prayers many years ago. My husband is exactly as I asked from God, our ministry is as I confessed it, our marriage is as I believed it, just like everything in my life. All things begin with a word. God thought, spoke and the world and all that is in it came into existence.

I was finding myself in one of those heated moments that may exist early on in a marriage where the "honeymoon" no longer tastes like honey and color of roses fades away. It is during that first year when one suddenly wakes up and asks, *"seriously, is this what marriage is suppose to be like"*; and then you think, *"this is not going to last".*

There were so many things to work on in our relationship at the beginning – our different personalities, differences in our way of thinking, our attitudes, and the lifestyle, customs and habits that we brought with us into the marriage. There were just so many things I didn't know how to or where to begin. I had never really had a role model, nor any effective premarital counseling. The only advice was from my grandmother who said *"Just wait for him in a negligee when he gets home from work."*

I, however had an advantage. As a young girl I had prayed to God to give me wisdom as a woman. From a very early age I had heard the verse from the Bible *"a wise woman builds her home"* (Proverbs 14:1). I had even memorized this verse and prayed those words for many years before getting married, so it was clear to me that a home is built with wisdom, and that wisdom comes from God.

> *"If you need wisdom, ask our generous God, and he will give it to you."*
> (James 1:5)

I did not blame neither myself nor my husband's faults for our problems. Instead, I asked God for wisdom. I had complete confidence that my prayerful affirmations years before, along with my genuine desire to build a home, would have their effect at the right time. I knew that changes would come naturally; that is, not in a forced or pretentious way, not rushed nor out of urgent despair. The changes could come with confident endurance and wisdom. Today, after more than 16 years of marriage, I can tell you that the most powerful tool that God gave me to heal and declare was the ability to compliment my husband.

I remember I would compliment my husband, not only for his virtues, but also for those things that he knew also with all his heart that he needed to change. I would congratulate him without irony or sarcasm, but rather with a sincere heart because I had the certainty that God would take care of any matters that needed to be resolved. This allowed me to give him unconditional and constant support.

> *Cast your cares on the LORD and he will sustain you; he will never let the righteous be shaken. But you, God, will bring down the wicked into the pit of decay...But as for me, I trust in you.*
> (Psalm 55.22-23b)

When I first met my husband, he was an evangelist who had been raised in a very strict Christian environment. His preaching tended to be harsh, although always backed by the supernatural anointing with which God uses him. Whenever we left a place where he was ministering, he was usually unable to talk. I would say to him: "Wow, honey, I was really impressed by how much wisdom there was in your words. You do so well on the pulpit and I just love hearing you preach." There were times, however, that I wanted to do just the opposite, tempted by the idea of giving him what I felt was constructive feedback. In those early years, however, that was not the right time.

Over time, my compliments began producing some interesting results:

1. His heart was being healed from a formation in which most everything was considered bad, and any lapses, no matter how minor, exposed one to criticism, disapproval and disciplinary actions. In those moments my affirming words were like a healing salve that gave him security and a freedom to find his identity in God. God had placed me in his life for that purpose *("... it is not good for the man to be alone,"* Genesis 2:18). My compliments were healing his soul and he was responding in his spirit with the sense that: "it is true, I am doing exactly what God wants me to be doing; I am becoming complete and have everything it takes to continue in what God has called me to do".

2. I was declaring what was not yet, as if it already were, I took sight away from what I was seeing at the time and focused on seeing him through God's eyes. It was like closing one's eyes in order to see what should be, and speaking and declaring that accordingly.

My question is, what are you seeing? Declare things as if they already were (See Romans 4:17). Today I can say that life has been surprising, and it is so in EVERYTHING!

I was always sure that just like these things, others would also change. I was not worried, because I believed; I was waiting patiently. Today, I look at my husband and see the world changer that he always was. I continue to constantly fill his life with compliments. Remember that daily praise heals, affirms, develops, strengthens, and lifts up. On the other hand, insults and criticism will destroy, diminish, dampen and damage.

In the process of writing about this area of our lives, I tried to read and study what I could about criticism. For a time, I was fearful of writing something wrong. Then, as the Holy Spirit began to give me light on this subject, I learned something wonderful that I can share with you. I realized that most of what I read in relation to criticism was based on psychological theories and arguments. I realized that the Bible does not use the word critical, but rather a word of Greek origin which means "judgment, argument, opinion or examination."

> *"Do not judge others, and you will not be judged. For you will be treated as you treat others. The standard you use in judging is the standard by which you will be judged."*
> (Matthew 7:1-2 NLT)

Whenever we criticize, we are judging. God's Word states that God alone is the supreme judge and it is not our responsibility to judge each other. However, the Word does speak to us about the importance of correcting each other in love. It also says that the wise love corrects, but fools despise and reject it.

To correct means "to rectify or reverse an error". As such, there is a difference between criticizing and correcting. The one who criticizes, whether in a constructive or destructive way, establishes a form of judgment in relation to others with regard to what one feels, thinks, perceives or thinks. The one who is doing the correcting reveals truth from the Scriptures in order to help other persons correct themselves. When we correct others in the way that God advises in his Word, in private and with love, and they do not receive it, it is because of their own foolishness and not because of any lack of wisdom on our part. When we criticize instead of correcting others, we end up destroying them, even though we had the best of intentions to help.

My recommendation is that you learn the meaning of this word. No matter how good your intentions for criticizing someone, you can always turn criticism into compliments and focus on correction. Replace offensive words with words of praise, even if you don't think you can. See your spouse, your marriage, your children and other areas of your life, including yourself, through the eyes of Jesus and declare what you see without fear, trusting that the one who began the good work in you will perfect it.

Declare what is right ... be patient... and trust.

Chapter 3

BREATHE, INHALE, EXHALE … AND BE SILENT.

B_{reathe}: To make something circulate
To take in air, oxygen in a place
Expose something to the action of wind to eliminate odors or humidity.

It is not an easy thing for some women to remain silent when they need to! In my own way of thinking, this is something spiritual. Throughout history, various cultures and their respective societies have expected women to be silent. As a result, women today are not necessarily good friends with the idea of silence. On the other hand, there are women who should be speaking out, but do not know when or how to do so.

There is power in words and women can use their influence to change moments, circumstances, storms, destinations, atmospheres, situations. The words of a woman can make a difference. The following biblical women are good examples of women who were able to exert influence through their words:

– Abigail – 1 Samuel 25

– Hannah – 1 Samuel 1

– Rahab – Joshua 2

– Naomi – Ruth 1

– Esther – Esther 1

– Mary – John 2

All of these women, and many others in the Bible, show us that what a woman says can change the course of history and transform any issue.

On one occasion, after meditating on our lives, I said to my husband: "You know what? I believe you are ready to become a pastor."

He then asked me, "Why do you say that?"

"Because you have pastored me and you are the shepherd of our home," I replied.

That was all I said, but from that moment on everything changed. The former model for our lives had been broken. Before we became pastors of a congregation, we first were shepherd over lives, marriages, and families. This brought about an extraordinary change in our vision about the pastorate which we had before linked with an education, with a title, with a particular congregation and credentials through a denomination. Now, as we shepherd lives and hearts, our ministry is filled with passion and never tiring. It took only one word, and everything else followed.

I was not being prophetic, nor did the Holy Spirit lead me to declare this; rather, it was something I spoke out of my own thoughts. If we assume that everything we say is prophecy inspired by the Holy Spirit, we would not pay much attention to what we say on a daily basis. Even if what we say isn't something revealed from our time of prayer, our words have power.

When we are able to understand the power that is in our words, we will keep from speaking everything that goes through our mind. Keep yourself from speaking without first thinking. Think of your words as commands and affirmations. There is much power in the words that come from our mouth?

> *For when he spoke, the world began!*
> *It appeared at his command.*
> (Psalm 33:9)

So is the word that comes out of our mouth! Women have been created to edify. Every word that we utter during the course of the day will affect for better or for worse the building of the identity of our husband or our children. With our words we build or destroy.

One of the reasons my husband says I am wise is because God has taught me to know when to be silent. I have a great many thoughts going through my mind, but I would never give Satan the pleasure of my just saying everything I think. Every time I remain silent when I know I should, and not necessarily because I want to, it is one more door that I close to Satan. So when I speak, it is not always what I want to say, but rather what I need to say.

The book of Proverbs says *"Even fools are thought wise when they keep silent; with their mouths shut, they seem intelligent"* (Proverbs 17:28). When we are silent at those times when our thoughts want to explode like a volcano, and we want to express to others what we are thinking through words, it is at those times that we receive honor on ourselves.

> *"A woman who fears the Lord will be greatly praise."*
> (Proverbs 31:30)

Curbing your speech is a discipline that brings blessing and honor. I have often heard the expression "if I cannot talk, I will simply explode." It is almost a way of life for many. As women we should prefer to implement wisdom rather than to be silent. When a thought gets into our minds and hearts, we should prefer finding the right moment to speak with wisdom; however, keeping silent is almost always not one of our options.

It is impressive and almost impossible to assimilate all that God's Word says for women: BE SILENT! There is so much power in silence. The great advantage in being silent is that it brings honor. When we look at the New Testament, that which is the inheritance of the children of the New Covenant, we will see occasions in which women are put in this position: *Subject yourself, be silent and act.* Subjection, silence and action can be very powerful and influential tools of a true woman of the kingdom.

Chapter 4

CONTRADICT YOUR SOUL

Our soul, who is it? I give her the name Miss Soul. Just as we have a trichotomy of soul, body and spirit, the soul itself is made up of three aspects: our will, our mind (or memory) and our emotions. Her nickname is I, as in I want, I think, I feel. She can be quite willful with a desire to dominate and impose. On the other hand, she does not like to submit, or consult. She wants to believe that she is in charge and behaves as if she lives alone. She can be very imposing and acts as if the body and spirit have nothing to do with her. She wants to be the first to speak out and believes her opinions are commands. If you don't recognize her, you cannot master her. In case you have not met her, she is most likely the one doing the talking, deciding and doing everything for you.

> **YOUR SOUL**
> Place here an imaginary photo of Miss Soul.
> How do you see it now?

Our soul is much like having company inside of us, so we must be mature, with the character and dominion to submit and edify her. Treating her like a person and getting to know her will help you overcome her, controlling her impulses and channeling her motives. (See Psalms 42:5, Psalms 103:1, Matthew 26:38.)

> *"And I'll sit back and say to myself, 'My friend, you have enough stored away for years to come. Now take it easy! Eat, drink, and be merry!'"*
> (Luke 12:19)

Our soul acts based on its experiences, while the Spirit acts based on obedience. The soul acts as it wants; the Spirit as it should. Acting with the Spirit is for those that are wise, for the spirit is always ready to obey. Not so the soul, which provides arguments that come from her box of memories and past experiences. Every day, and often several times a day, you will have a constant need to decide whether to act with your soul or with your spirit. The choices you make will determine whether you are wise or not.

> *"For all who are led by the Spirit of God, are children of God."*
> (Romans 8:14)

On one particular occasion, a young woman called me out of desperation. Her husband had been out of the country for two weeks and during that time she discovered conversations that he had stored in his e-mail. Apparently, he was involved in a relationship outside of the marriage. He hadn't told her when he was returning, so she thought it was because the other woman would be meeting him at the airport. She began to check the flight schedules, and now had a decision to make. She said to me: "Pastor, what I really want to do is throw all his clothes out of the house and then kill him." Now, who does this sound like?

I remember my response as if it were yesterday. It is particularly at times like these that a soothing anointing comes over me that is transmitted through a tone of voice that calms the soul.

> *"A gentle answer reflects anger,*
> *but harsh words make tempers flare."*
> (Proverbs 15:1)

Very calmly I said to her: "My daughter, you have two options and it is up to you to choose the one you want".

1. You can unleash your emotions and throw his clothes out, then just lie in bed and cry. Then, you can go confront him at the airport, demand to know everything, send him to hell and destroy the face of his new companion; or
2. You can take control of your emotions and choose to act wisely:
    − Take your children to a safe place;
    − Tidy up the house (clean, tidy, and fragrant);
    − Prepare yourself in prayer by unburdening yourself, expressing and releasing your pain to God;

- Get yourself ready;
- Meet your husband at the airport;
- Take your husband home, and talk.

The purpose of dialog:

- To talk with a person about something in alternating turns.
- To discuss an issue with the intention of reaching an agreement or finding a solution.
- Then, I said, let him know that it is time to make some decisions.

Before deciding, however, I told her to think about the results of each choice. Her reply was: "Pastor, I want to be wise."

One week later her husband would say: "Since I returned, my wife has not been the same. She is a completely different person."

Friends may have wondered what had happened with them, but I, on the other hand, wondered what would have happened if Miss Soul had acted for her?

To act wisely is a choice, not merely a quality of one's life.

Chapter 5

LOVE

The Word of God defines love as that *"which binds us all together in perfect harmony"* (Colossians 3:14).

A bond is something that is established between two people that unites them together.

In this chapter I want to lead you to see that love is an action, and not merely an emotion. Love is a noun, but it is also a verb. Feelings alone will never be enough for a person to know that you love them. A person cannot see or enjoy your love if it is kept inside; that is, only as a feeling. Feelings can only be perceived by oneself. Love is not like goosebumps, which are extremely temporary. Love is a bond. My husband and I have a relationship of love, not because we have butterflies in our stomachs, but because we have a bond that unites us.

This part is so important because our feelings will never be enough to keep a person by your side for life.

> *"Many waters cannot quench love, nor can rivers drown it"*
> (Song of Solomon 8:7).

It will be our actions, our life experiences that will keep us together forever. Every moment is a perfect opportunity to give stability, security and strength to your marriage through actions. The way we act and react in each situation is either a strong or weak link in our relationships.

When I say *"love him"*, what comes to your mind? Do you feel something more profound for him? Do you forget about your conflicts and stay there? What comes to your mind?

When God's Word speaks of love, it is always accompanied by action including tolerance, patience, kindness, humility, affection and courtesy.

The love that my husband and I feel for each other has been built over the years, through our actions toward each other. The strength of a relationship, as well as the weaknesses, are found in the actions that each one takes towards the other.

I love my husband, not because of butterflies in my stomach. It is a love that has grown strong over time, in times where my needs have exceeded his desires.
 – His patience
 – His tolerance
 – His effort

- His care
- His support
- His confidence
- His details

It is this set of facts that makes our relationship stronger. That is true love and it manifests itself in actions, just as Jesus himself showed his love through his actions.

> *"For this is how God loved the world:*
> *He gave his one and only Son".*
> (John 3:16)

True love is willing to die, sacrifice, give, surrender, and much more.

Just saying "I love you" is not enough; it is necessary TO LOVE!

Chapter 6

HE WILL LOVE YOU FOR WHO YOU ARE

Once you are married, a husband hopes that this beautiful young woman he married will become a woman and a wife.

>A Woman, because she represents maturity.
>A Wife, because she represents a role.

It's a natural transition and a demand that we don't generally talk about. Still, we have all experienced this by having lived it. The part of how I view myself takes a back seat, although it is still extremely important.

We all know that as the years go by, our bodies and our entire physical appearance will change; and mentally, believe it or not, we're ready for that change (not neglect but for change in and of itself).

At this early stage in a marriage something interesting happens that we perhaps do not talk about during courtship.

However, it happens in an unconscious and natural way, and I am talking about the expectations that we each assume will take place.

A very basic example would be this. During courtship one does not usually say: *"I am so excited because as soon as we get married you will make breakfast for me every morning and wash my clothes."* However, we just assume that when we wake up someone will make breakfast and that when we go to the closet there will be clean clothes to wear. These are expectations that are assumed. This is why it might occur that one day you go to the beauty salon, you are wearing a new dress that looks spectacular on you and you wear cream with glitter on your legs; however, you were late leaving the house, and he had to iron his own clothes – whatever happened to be clean– and to make matters worse, you forget to take with you what you need to have on hand for that occasion

That day you don't receive any compliments for looking pretty, because now looking pretty is the perfect complement of a wife who is in control and diligent with the everyday matters of the home. This is not to say that you control everything in the home, but that you are in control and responsible with what has to be done at home.

Although we live in times where roles are shared: both work, both pay bills, make the home; still there are some things that speak each one. For example, when you have a home to live in, it speaks about a responsible man. When the house is maintained and orderly, it speaks that there is a woman in the home.

What I am now going to say is something you may have heard on countless occasions, at least I did during my years growing up. It is the expression that says: *"women are more about hearing an♦ the men about seeing."*

Considering the behavior of men and women in the natural aspect, we see that women about hearing:

> Eve – (Genesis 3:1) *"One ♦ay he (the serpent) aske♦ the woman ..."*
> The Shunamite woman – (Song of Solomon 2:8) *"I hear my lover coming..."*

Men are more about seeing:

> David – (2 Samuel 11:2, NIV) *"he saw a woman bathing"*
> Ahasuerus – (Esther 2:17, NIV) *"the king was attracte♦ more to Esther..."*
> The beloved – (Song of Solomon 2:14) *"... Let me see your face... your face is lovely."*

As I mentioned earlier, I was constantly hearing this people say: *"Women are about hearing an♦ men are about seeing."* This idea went along with the advice that was often given, which I've also heard said in marriage conferences. I was wondering, is this a biblical principle? Although the Bible does not mention this specifically, we can see it by studying the behavior of men and women both in the Bible and in life in general. Some biblical examples of this may include the following:

> Eve, who was seduced by the serpent upon hearing him speak to her
>
> The Shunammite woman, who said "I hear the voice of my beloved; my beloved spoke to me and said…"

In the case of men:

> David fell into sin when he was tempted by what he saw
>
> Ahasuerus chose the queen when he saw her beauty
>
> - The women were prepared to go before him and all their preparation was on the physical and visible aspects.
> - The king didn't even know that Esther was Jewish.
>
> The beloved, who was attracted by what he saw. We know very well that he reacts by sight.

Also, we know that this principle is applicable beyond just physical beauty. I will explain, because this will affect your communication with your husband. Understand that he responds by sight. You will notice that a man tends to immediately finish and conclude topics that you wish to discuss explicitly and in detail. But the man has been observing and has come to his conclusions. Therefore, when we speak we can find phrases such as:

I know what you are going to say ... I know you ...

Men are greatly discouraged when our words are inconsistent with our actions. When we women speak, we just believe that everything is resolved. However, you will find that you will be appreciated more when your actions speak louder than your words.

Once you are married, the matter of "how you look" becomes, as I said before, the perfect compliment for what you do and not the priority. If you want to receive complement and praise from your husband, don't let it be just because of your appearance; that is not enough. To look good now implies everything that he sees.

What are some things that we can consider visible when talking about our role as wives in the home?

1. When the home is clean, tidy and fragrant.
2. When you teach your children to be disciplined and well-mannered.
3. When you honor your husband.
4. When you are committed to him.
5. When you are committed to God.

Are these things as visible as our personal physical appearance? Yes, and more!

Keep your home clean, tidy and fragrant

I often ask my daughters; "do you want a place where God and his angels are present? Keep your room neat and clean, because they will come and stay in a place where everything is clean and completely orderly. That is the atmosphere in which God dwells, a heavenly atmosphere".

A clean, orderly and fragrant environment is one that is inviting and makes you feel good. Maintaining an atmosphere of peace, harmony, communication, rest and relaxation is more than being in prayer. Keep your home clean, tidy and fragrant and you will make your home a place where people want to be and enjoy.

Teach your children

Having educated children testifies to presence, direction, correction, responsibility, conscience, purpose, leadership. True leadership begins in the home. It is easy for others follow you, but when your own follow you, that brings honor.

Honor your husband

Honor your husband, not for what he does, but for who he is.

Who is your husband not? Your friend, your partner, your support, since these qualities are inherently part of the relationship.

Who is your husband? He is your priest, your head, your lord, your authority, your guide, your example. If you accept this principle and allow it to reach your heart, your relationship will skyrocket to another dimension. It is the dimension of God's perfect will for you and your marriage.

Changing biblical principles and God's divine order for his creation has brought great and terrible consequences into this world. One day someone held up the Bible in his hand before the cameras and asked, "Who said that we have to live by what this book says? Then someone said: "We will give our own meaning to love, marriage, family and moral values that previously had their origin in the Word."

Now we have a world in decline, with broken families, and literally billions of depressed, sad and lonely people, trying to fill the void in their hearts with things that will never fulfill them. Don't be part of that movement; choose to honor God and his word and everything will go well for you.

> *"So remember this and keep it firmly in mind: The LORD is God both in heaven and on earth, and there is no other. If you obey all the decrees and commands I am giving you today, all will be well with you and your children. I am giving you these instructions so you will enjoy a long life in the land the LORD your God is giving you for all time."*
> (Deuteronomy 4:39-40)

Giving honor is nothing more than accepting this principle that honoring God involves acknowledging that he is your

God and keeping his commandments will lead to a full and long life.

> *"Those who accept my commandments and obey them are the ones who love me. And because they love me, my Father will love them. And I will love them and reveal myself to each of them."*
> (John 14:21).

As Jesus said, this world wants to love God based on its own ideas and worldview:

> *"These people honor me with their lips, but their hearts are far from me."*
> (Matthew 15:8).

How then do we honor our husbands? Through recognition and respect.

Show that you are committed to him
Love yourself ... because you are his. Take time to take care of your health, your appearance, your figure, your heart your language, your attitudes and your manners. Be a good manager of both your time and your finances. Take care of all that you have.

Take care of your relationship with him. Be interested in preserving the things you enjoy together, be interested in him, his health and his interests. Guard those qualities that identify you, that distinguish you and which were one day the ones that made him fall in love with you.

A person shows their commitment to something when they fulfill their obligations, with what has been established or entrusted to them. A woman is committed to her husband when she honors the marriage vows by fulfilling her duties without excuses, without wavering, or mediocrity. She is committed when she persists in doing her part and not hiding behind her husband's faults. It is easier to talk about areas in which the other is lacking than to recognize whether or not one is doing what should be done.

> *"The man who finds a wife finds a treasure, and he receives favor from the Lord."*
> (Proverbs 18:22).

> *"She brings him good, not harm, all the days of her life."*
> (Proverbs 31:12)

Show that you are committed to God

Be a woman who has an intimate and personal relationship with God and whose fruit overflows daily. A woman who knows God will seek him, running to him daily.

I love the story of a woman in the Bible who knew the power that Jesus wielded. She did her best to touch just the edge of his outer garment. The Bible says that virtue came out of him as soon as she touched him.

Virtue is the same word that the writer of Proverbs used to describe a woman who demonstrates the qualities that the beloved loves and admires. A virtuous woman "touches the garment" that imparts virtue to her day by day. She is not afraid of the bad times because she trusts and depends on the Lord. She is a woman who operates on the virtue that comes from the Father and from the daily touch that he imparts to those who seek him.

> *"Charm is deceptive, and beauty does not last; but a woman who fears the LORD will be greatly praised."*
> (Proverbs 31:30)

Chapter 7

NEVER STOP GROWING

It took me four years after I started writing to realize the importance of sharing with you about growth. This was a bonus because it came after finishing the first few chapters that had been inspired from the beginning. This is a subject that I have experienced throughout my marriage, and even more since having my two princesses, Avril and Avigáyl.

As a child, I remember saying goodbye to my mother each morning before the sun even rose. She had a daily commute to work, and back then we children did not walk around with cell phones and text messaging did not yet exist. Due to this, every day I wouldn't see my mom again until around 6:00pm. During all that time I was taking care of myself, going to school, coming home, fixing myself something to eat, watching television, talking on the landline phone with friends and doing whatever chores my mother would have assigned me for that day.

When I was very young, I was in daycare; but as I grew older, around the age of 10, I assumed this routine that I am telling you. Can you imagine at age 11 having the freedom to decide if you want to go to school or not, if you want to do your homework or not? Unfortunately, the dynamic of these circumstances did not help me develop good habits for managing my time with productive results. Each day I would find myself in a kind of holding pattern, and whatever had to be done during the day was done after my mother arrived home.

After enrolling at a university, I began to experience conflicts in my behavioral patterns that kept me from completing projects and reaching my goals. I would begin each course as a star student, because of my abilities, but unfortunately, I would not end well because of the bad habits that I had formed. There were days in which I would arrive to my classes, but remain in my car for hours. I became totally frustrated with my inability to finish whatever I started. With God's help, however, and thanks to the sense of identity that God gave me as a child, I was able to overcome those challenges. However, the process was an experience that has enabled me to share now with others.

God created us to be the help meet of a man whom he himself created to be the head of the home. When we don't grow up into maturity, our husbands feel the hopelessness of achieving the greater things that they dream of and that God has promised them. They are aware that it is with our help that they will achieve God's purposes for them more easily, because that is the Father's will and the result of a purposeful marriage.

As we mature, we advance in all areas of our life. What differentiates one stage of life from another is the growth we are able to achieve. Before, we were children, now we are adults. Back then, we thought one way, now another. Before we spoke one way, now another. Before we behaved in one way, now in another, and all, because we have matured. In order for our present growth to pay off later, we must keep growing constantly on a daily basis.

Have you ever seen someone again after a few years and thought: *"She is exactly the same, looks the same, talks the same, lives the same, does the same things?"* That person is the same because she has not grown. On the contrary, have you met someone who has caused you joy for the changes that you can are able to see?

Keep in mind that when a person grows, their environment grows with them. Women must grow due to the movement that comes from our heads; that is, we are not exclusively responsible for our growth. However, we are an essential part of the fulfillment of God's purpose and his good will for our homes and marriages.

In Genesis 2:16-20, God entrusts man with the responsibility of having dominion over the earth. In Genesis 2:20, Adam realizes that he is the only creation incapable of fulfilling the divine mandate that he had received to "be fruitful and multiply". I can imagine Adam wondering, *"Ok, everything is well taken care of, and everything will now bear fruit, complying with God's command. But how am I supposed to do it?"* It is then that the woman was created. Why not before? Why didn't he create them both at the same time, since he said in Genesis 1:27: "Male and female he created them."

The answer lies in that the creation of woman had a specific moment in God's plan.

She was created:
- When Adam realized his inability to fulfill the divine mandate without a help meet.
- When Adam had already received the responsibility to rule over the garden so that she understood from her beginning that he was there and she had been formed as the ideal, perfect and appropriate help for him.

That was the beginning of everything that is born. A woman who does not grow keeps her husband from fulfilling his main task of priesthood since he must then take care of her and her needs. A woman who grows and develops in her areas of responsibility keeps her husband focused on fulfilling his Creator's commission, while she serves as an appropriate complement and help for him.

Chapter 8
HOW BENJAMIN AND I MET

I certainly could have made the wrong choice. You can see qualities in me now that I did not have before I met my husband. My lack and need of a father figure led me to become easily involved emotionally involved with a male who represented a father figure to me. However, none of the boys I met whom I thought would fill that void in my soul were the one I needed. Perhaps they attended church, had fallen in love with me, spoke words that satisfied me emotionally, but their hands were never secure for me. They would have immediately destroyed my identity and affected my future destiny. While I never seemed to be able to make the right choice, God gave me the capacity to choose! The sense of identity in Him and the conscience of his love for me were the key in that important decisión.

How did that happen?

Despite my insecurity, I was nevertheless certain that God had a purpose for my life. So, even as I kept getting emotionally involved, with my feelings continuing to exert their influence, I began to take control of my choices, even while my emotions continued to exercise influence.

I was convinced that a certain handsome, athletic, attractive young man could never be my boyfriend. That was impossible! It was like, for example, trying to unite oil and water. That's how I really saw it, until one day, a question led me to confess the truth and will of God.

How did that take place?
It was my mom who asked me, *"if God asked you to name the qualities of the man you are to love, what would they be?"* I was quick to answer, but I responded with my will, not with my mind. I didn't think, but just began to talk. Then my mother interrupted me, *"Kenia, don't be so quick with your answer. Think about it! Just mention five qualities."* So I took a few moments to examine my heart and align my words to the truth of what I needed and what God wanted for me.

This was how I answered:
> 1. That he love God above all else – even more than me, may his love for God be evident.
> 2. That he love my mother – that he love the things that are important to me.
> 3. That he love the ministry.

4. That he be dark, handsome and well-groomed.

5. That he be older than me.

Then the day came. Let me tell you about it...

At that time I was the the president of the youth ministry of the Wesleyan Council of Puerto Rico, though it was not a very large Council at the time. I had been leading the youth for some years by then, and as such, knew most of the youth who attended district events.

However, as I arrived early on the first night of a particular Congress, I saw a young man who I had never seen before. He had also arrived early and was kneeling in prayer. And yes, he was attractive, elegant, and very handsome. Well, that was not my intended purpose that night, so I went ahead with my schedule.

Apparently, he had seen me also, because the staring game began. He: "I'm not looking at her, but what a beautiful feeling." Me: "Don't forget, Kenia, that you are the youth president and he is a visitor, FOCUS, PLEASE."

I was in front ministering, and when I finished, without appearing obvious, I glanced toward the back of the church as I returned to the first row. NO!!! He was gone! After sitting down, I casually turned to look behind me and that was the most spiritual moment of our beginning. It seemed just like in the movies, but a silent one only in my mind. As he made his way through the crowd my eyes were glued to his for just a few seconds. The look was intimate, penetrating into my soul. Right then for me it seemed as if we were the only two people in the room. But ... wait, wake up! You're in a worship service and it's not over yet.

I concluded the event, and then, without thinking, I did was something that I promise you, I had never before done! I took a slip of paper from my notebook, wrote down my cell phone number, and gave it to a young woman named Sharon to give to him. Do you know her? To this day I don't know what Sharon must have thought of me at the time as her youth leader.

Following the meeting, a few of us went out for ice cream. Just as we arrived at the place, my phone rang and I said to Sharon, *"Here you take it. You're single too, so you take advantage of this situation."* I had already reacted and I didn't imagine myself to telling him who I was. Forget it! The call lasted only a few minutes, and I did not tell him my name. I apologized to him and hung up.

However, the event lasted three days, and the next day when he arrived, I greeted him and said, *"Enjoy the service,"* the way any leader would say to a guest. Then, the girl who was youth president of his church came up to me to ask me for my phone number. I caught on, so I gave her my home phone number. Say it with me: *"That was really smart. Brilliant!"*

Later that day, he was introduced to the daughter of the pastor of the church where the event was being held. As I watched, I was tempted to run after him, but I held back. That, I would never do! It was bad enough that I had sent him my little note. But then that very same night he called and greeted me by my name. Say with me: *"Revelation."* Yahoo!

As time passed, my five declarations were confirmed. The greatest testimonies have been the results, the order and the fulfillment of each point. Today, I am happily married, but before concluding, I want to leave with you two principles that I learned during that season in my life.

> *"A man will leave his father and mother He will be united to his wife, They will be one flesh."*
> (Genesis 2:24)

1. This verse establishes the biblical principles on which a marriage should be based. It shows the transition between courtship and marriage and above all, the leaving of one's parents and the beginning of each family.

- **A man will leave his father and mother**
- **He will be united to his wife**
- **They will be one flesh**

In my first chapter I shared with you about the first part of this verse that says *"Leave".* We talked about *"a man will leave his father and mother."* Now, the verse goes on to say, *"he will be united to his wife";* this expression *"his wife"* implies that the right person for the marriage has been found.

In biblical days the choice of the right person was not as an emotional matter as in our times, where such an important decision is sometimes left to one's own emotions or the influence of third parties.

Before, it was generally one's parents who chose and approved the person their children would marry. Those decisions were not based on emotions, but rather on the qualities that the spouse should have according to the family lineage. For example, in Genesis we read the story of the marriage of Isaac and Rebekah, parents of Esau and Jacob. The story relates that Esau married two Hittite women and that led to bitter feelings with his people. These verses tell us the importance of marrying the right person and the consequences of such a decision.

> *"At the age of forty, Esau married two Hittite wives: Judith, the daughter of Beeri, and Basemath, the daughter of Elon. But Esau's wives made life miserable for Isaac and Rebekah."* (Genesis 26:34-35)
>
> *"So Isaac called for Jacob, blessed him, and said, "You must not marry any of these Canaanite women. Instead, go at once to Paddan-aram, to the house of your grandfather Bethuel, and marry one of your uncle Laban's daughters. May God Almighty bless you and give you many children. And may your descendants multiply and become many nations! May God pass on to you and your descendants the blessings he promised to Abraham.*

> *May you own this land where you are now living
> as a foreigner, for God gave this land to Abraham."*
> (Genesis 28:1-4)

What a blessing we have when we marry the right person. A suitable marriage receives God's blessing for itself and for its loved ones. This kind of marriage is capable of multiplying, and is capable of receiving the promises and building a generation with an identity and purpose. On the contrary, marrying the wrong person can bring about great bitterness. These days there is an emotional tendency when choosing who to marry and how do I know if it is the right person.

Some of the current motivations could be:
- I met this person, we have good chemistry, we get along well and we got married.
- I met this person, he has some things that should change, but I like him a lot; I feel that I am in love and will get married.
- I met this man who does not treat me well, he does not value me as I would like, but he is good looking, he has influence, he represents me and I will marry him.
- I met this young man who is unemployed and does not seem to have a very promising or stable future, but he makes me feel like a princess. He buys me things, impresses me with how he writes, dedicates songs to me, holds my hand, tell me that I am beautiful and that is enough for me.

- I met this person with whom I do not share anything now or in the future, but everyone says that he is perfect for me.
- Everyone, even in the church, tells me if you feel you love him, then get married".

This is why we have many failed marriages even within the Church. Some are getting divorced, while others have stayed together and have a family. However, they know that they have broken the promise and live with the awareness of having married the wrong person, or just with a good person, but not the right person with whom they reach and receive blessings.

Marrying the wrong person can be a headache for you and your loved ones. Furthermore, if one day you decide to end that relationship, that person may no longer be part of your life, but he or she will be part of your children's forever. Don't take marriage lightly, make the right decision and do it in the right time as you are able.

I learned that the key is having your own identity. It is not possible to find the right person if you do not recognize your own heritage and you are not clear about your identity. If you have given your life to Jesus, then you are part of a chosen lineage. You are part of a holy nation and a people that God has acquired for himself. You are part of a people that God has separated to reveal his own qualities to the world.

> *"But you are not like that, for you are a chosen people. You are royal priests,[a] a holy nation, God's very own possession. As a result, you can show others the goodness of God, for he called you out of the darkness into his wonderful light."*
> (1 Peter 2:9)

If this is your heritage and your identity, the person you will marry may not be perfect, but is part of this chosen lineage. If you are already married to him, and he is not yet part of this lineage, do not separate from him. Be the part of that holy nation and announce the virtues of God in your home. (See 1 Corinthians 7:12-14.)

You are a daughter of God, so allow your heavenly Father to choose for you. It would have been a mistake for me to marry only for of the list of qualities that I wanted. It was necessary to define my identity and discard from my list all those suitors that perhaps I liked, but were not suitable for me as a daughter of God. When I had this clearly in my mind, God led me to the right person and today I rejoice in the happiness of being in his will.

> *"Don't copy the behavior and customs of this world, but let God transform you into a new person by changing the way you think. Then you will learn to know God's will for you, which is good and pleasing and perfect."*
> (Romans 12:2)

His will is good, pleasing and perfect.

2. and they shall be one flesh

The first sexual union between a man and a woman is an act that in heaven is considered the consummation of a covenant and the beginning of a new stage in life. This act establishes the union of one with the other, releases the sense of belonging and authority. It is a bridge of tripartite influence from one to the other. It is an experience that unites and intertwines every part of our being. Therefore, it is not just anything. It is not a mere act of pleasure, as it is for the world. Even this act was created by God according with his plans and commandments. It is the means to be fruitful and multiply, just as he commanded. The physical pleasure comes so that we may enjoy doing his will. As the psalmist said: *"I take joy in doing your will, my God"* (Psalms 40.8).

Doing God's will always bring pleasure, delight and satisfaction into our lives. That is why the sexual union we have with our spouse is so pleasant. It is an act to be enjoyed with the holiness and love that are transmitted to each other. It is wonderful!

If you have skipped these steps and entered these experiences ahead of time, go to God again and again and strive to straighten your steps and do things properly. Making a mistake is almost never the problem, but rather in the not correcting it. Getting ahead of ourselves may mean that future areas of our life will be altered as well, because everything has its time; particularly in the proper and healthy behavior during courtship.

Experiencing this union before the vows will release the sense of belonging, authority and consummation before the determined time. It will change the focus and priorities that must be had prior to marriage.

What remains is for me to share my testimony, the testimony of a young woman who, when she married, only knew how to run to God and depend on Him. My relationship with Abba, God as my heavenly Father, and his Holy Spirit helped me build a marriage and a family that is not perfect, but one that is blessed and enjoying God's promises each and every day.

My prayer for you is that, just as God helped me and remembered my need, so he will also help you, give you his support and allow you to enjoy his blessing.

My love, this part is for you.

Thank you for being the man that you are. I honor you freely and in truth.

When we met, the light of leadership, anointing and ability shone in me, but it was you who gave it the color of love, motive and purpose. When you realized that in certain areas I was still a child, you did not reject me, but rather was patient and gave me the love I needed. You brought healing, guided me as a shepherd and you made me fall in love with you more and more each day. You brought out the best in me and I will provide fruit for you forever.

I love what we have become and I love what you are. Together we are a reflection of your heart, just as you are a reflection of God's heart.

Thank you for your provision, your unlimited contribution and your support for this project. Your sterling character is captured here and I thank you for it. I love you.

With love,
Your wife

"...Nevertheless, in the Lord woman is not independent of man nor man of woman".
1 Corinthians 11:11

My real treasure

VIVENCIAS / 177

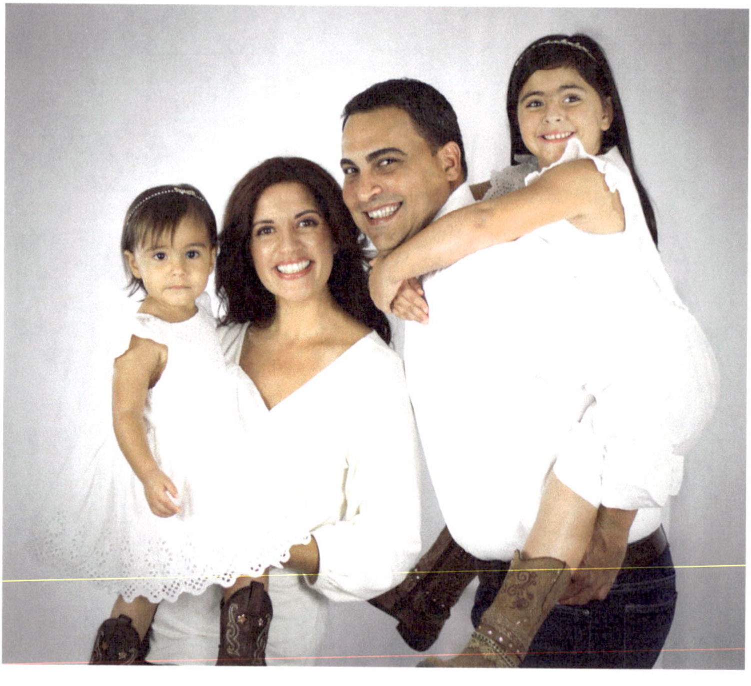

THE PURPOSE OF THIS BOOK

This book is intended to:

- be the first of many;
- remain as a treasured legacy for my grandchildren and futured generations;
- be serve as a transformative experience of growth for multitudes of women and couples;
- reach, affect and impact future generations;
- reach the limits that are written in the sky for this production;
- be a gift of honor for my parents, José Luis Larroy and Nilsa Rodríguez.

Amen.

ABOUT THE AUTHOR

Kenia Larroy de Geigel was born and raised in Puerto Rico. She has been living in the state of Florida in the United States of America since 2014. She is an educator by calling and by profession. Kenia and her husband Pastor Benjamín Geigel lead the Apostolic and Prophetic Healing Movement (Movimiento Apostólico y Profético Sanador). As a result of their union, they have brought to the world the princesses Avril y Avigáyl Geigel. As a family they have had a great impact in generations in Puerto Rico, Santo Domingo and in several places in the United States. As founders and directors of the "Project Adopt a King", they have blessed hundreds of kids, their families and communities in the Dominican Republic.

Her passion for children and families have driven her to create and develop impact curriculum for kids, parents and teachers. Some of those projects are: The Garden of Values, Project Adopt a King, The House of the Healer Family, the Pink Week, Time with the King.

Kenia is a conference speaker in the field of Education and Family. She is a teacher trainer, passionate to transform generations through the teaching of the Word of God and discipleship. She considers herself as a builder of God's dreams on earth and a defender of the Christian principles and values at home and in the family.